세계사 뛰어넘기

프랑스 혁명부터 함께 여는 미래

세계사 뛰어넘기 3
프랑스 혁명부터 함께 여는 미래

초판 1쇄 발행 2017년 11월 15일
초판 2쇄 발행 2018년 11월 6일

글 김대륜·김윤태·안효상·이은정·최재인 | **그림** 오동·김창희
기획 장산곶매·네사람 | **편집** 이유진 | **아트디렉터** 신은경 | **디자인** 디자인아이

ⓒ 2017 김대륜·김윤태·안효상·최재인
ISBN 979-11-88283-22-4 04900
       979-11-88283-19-4(세트)

발행처 주식회사 스푼북 | **발행인** 박상희 | **편집인** 김남원 | **출판신고** 2016년 11월 15일 제2016-000154호
제조국 대한민국 | **주소** (03968) 서울시 마포구 성미산로 29, 302호(성산동 245-15)
전화 02-6357-0050(편집) 02-6357-0051(마케팅)
팩스 02-6357-0052 | **전자우편** book@spoonbook.co.kr

* 10세 이상 어린이제품

제품명 세계사 뛰어넘기 3 | **제조자명** 주식회사 스푼북 | **제조국명** 대한민국
전화번호 02-6357-0050 | **주소** 서울시 마포구 성미산로 29, 302호
제조년월 2018년 11월 6일 | **사용연령** 10세 이상
※ KC마크는 이 제품이 공통안전기준에 적합하였음을 의미합니다.

⚠**주 의**

아이들이 모서리에 다치지
않게 주의하세요.

세계사 뛰어넘기

프랑스 혁명부터 함께 여는 미래

3

열다

∴ 머리말

인류의 공존과 세계 평화를 위한 도전

세계화니 지구화니 하는 말을 많이 들어 보았을 거야. 전 세계 사람들이 촘촘하게 연결되어 가는 모습을 가리키는 말이야. 이런 세계화가 최근 몇 십 년 동안 두드러지게 나타난 건 분명해. 하지만 인류는 오래전부터 다른 지역에 사는 사람들과 이렇게 저렇게 만났단다. 장사나 전쟁, 탐험이 모두 서로 만나는 과정이었어. 이렇게 보면 인류의 역사 자체가 세계화의 역사였다고도 할 수 있어.

『세계사 뛰어넘기』세 번째 권은 세계화의 최근 모습을 다루고 있단다. 이 시기는 서구에서 산업 혁명이라는 경제적 변화와 매우 빠른 정치적 변동으로 시작되었어. 이 변동의 주인공은 부르주아지라고 부르는 사람들이야. 이들은 절대 왕정 아래에서 경제적·문화적·정치적 힘을 키웠어. 그리고 이제는 아예 정치 무대 앞쪽으로 나와 새로운 정치 체제, 즉 모든 사람이 동등한 시민으로 살아가는 입헌적인 자유주의 사회를 만들었단다.

부르주아지가 꿈꾼 세계는 그저 평등한 세계가 아니라, 자유롭게 이윤을 얻을 수 있는 사회, 즉 경제적 자유의 사회였어. 18세기 후반 영국에서 산업 혁명이 시작되고 나서 인류는 새로운 에너지와 기술을 이용할 수 있게 되었어. 그 결과 생산력이 어마어마하게 발전했고, 인류는 물질적 풍요를 누릴 가능성이 생겼지.

하지만 산업 혁명은 경제적·사회적으로 심각한 불평등을 낳기도 했어. 소수의 자본가는 점점 엄청난 부를 쌓아 가는 데 반해, 다수의 노동자는 열심히 일해도 쉽게 가난을 벗어날 수 없었단다. 이른바 노동 문제가 현대 사회의 중심 문제가 되었어.

유럽에서 시작된 변화는 19세기 후반 전 세계로 퍼져 나갔어. 유럽의 여러 강대국이 아시아와 아프리카를 식민지로 삼으면서 벌어진 변화야. 자본주의가 발전하면서 유럽 나라들은 상품을 팔고 원료를 공급받을 지역이 필요했거든. 그래서 아시아와 아프리카 여러 곳을 아예 차지해 버렸어. 이를 제국주의라고 한단다.

아시아와 아프리카 사람들은 제국주의적 침략에 맞서 싸웠어. 이를 민족 해방 운동이라고 불러. 그러면서 20세기에는 노동 문제와 더불어 민족 문제가 세계 질서의 틀을 만든 주요한 힘이 되었단다. 식민지를 둘러싼 경쟁은 20세기 전반기에 커다란 전쟁을 두 차례나 불러일으켰어. 제2차 세계 대전이 끝났을 때 세계는 여러 민족의 독립, 평화와 공존을 절박한 목표로 삼았단다.

인류의 공존과 세계 평화는 그리 간단한 일이 아니야. 자본주의 나라들과 사회주의 나라들이 맞서고, 북반구의 잘사는 나라들과 남반구의 가난한 나라들이 갈등을 빚고, 같은 사회 안에서 양극화가 벌어지고, 다양한 가치가 대립하고 공존하며, 환경 문제가 벌어지는 등 인류는 그 어느 때보다 힘든 과제와 씨름하고 있단다. 그렇다고 인류가 이런 도전을 포기하지는 않을 거야. 오랜 역사를 보아도 그렇고, 지난 몇 백 년의 흐름을 보아도 인류는 숱한 과제를 넘어서면서 나아갔어. 앞으로도 그럴 거라고 생각해.

2013년 1월,

여러 글쓴이를 대표하여 안효상

∴ 차례

4

전쟁과 혁명으로
소용돌이치는 지구촌

5

미래를 위한 참여와 연대

1 대서양 세계의 발전과 변화

▼
1769
영국, 제임스 와트
증기 기관 개량

▼
1775
미국, 독립 전쟁 시작

▼
1789
프랑스, 대혁명
시작

▼
1804
프랑스, 나폴레옹
황제 즉위

미국 혁명 당시 「독립 선언서」를 발표한 필라델피아 독립관.

우리나라 헌법 제1조는 이렇게 시작해. "대한민국은 민주 공화국이다." 민주는 시민
이 나라의 주인이라는 뜻이고, 공화국은 왕이 없는 정치 체제를 가리켜. 이 말들은
영국의 명예혁명, 미국 혁명, 프랑스 혁명을 계기로 유럽과 세계 여러 나라에 널리 퍼졌
어. 정치가 달라짐에 따라 세계는 차츰 새로운 모습으로 바뀌어 갔단다.

새로운 정치 체제

영국에서 의회가 왕과 함께 나라를 다스리다

18세기 무렵 유럽 대부분의 나라에서는 왕이 모든 권력을 쥐고 나라를 다스렸어. 이런 나라를 군주국이라고 해. 그런데 영국은 달랐어. 왕과 의회가 권력을 나눠 쥐고서, 법에 따라 왕과 의회가 함께 나라를 다스렸거든.

이처럼 의회가 정치의 중심에 서서 나라를 다스리는 것을 의회주의라고 해. 영국에서는 이미 13세기에 의회가 만들어졌지만, 17세기에 두 차례 혁명을 거친 뒤에야 비로소 의회가 나라를 다스리는 중심 역할을 했지.

17세기 초 찰스 1세 때, 왕과 의회는 종교와 세금 문제로 다퉜어. 왕을 지지하는 쪽과 의회를 지지하는 쪽이 편을 갈라 전쟁을 치렀지. 왕의 편이 졌고, 찰스 1세는 처형당했어. 이 사건으로 영국은 왕이 없는 공화국이 되었어.

그런데 공화국이 된 뒤에도 의회의 힘은 약했어. 공화국을 이끌던 올리버 크롬웰이 왕보다 더 강력한 권한을 휘둘렀거든. 크롬웰은 백성의 종교를 통제했고, 의회를 허수아비로 만들어 버렸어.

크롬웰이 죽은 뒤 영국은 왕이 다스리는 나라로 되돌아갔어. 왕과 의회의 다툼도 되풀이되었지. 새로 왕이 된 제임스 2세는 의회와 백성의 뜻을 거스르면서 프랑스와

친하게 지내고, 영국 내 가톨릭 세력을 도왔어. 그
러자 의회 지도자들은 두려워졌어. 제임스 2세가
영국을 다시 가톨릭 국가로 만들고, 프랑스 루이
14세처럼 왕권을 강화해 권력을 휘두르겠다는 꿈
을 꾸는 것 같았거든.

의회 지도자들은 개신교를 믿는 메리 공주와 공주의 남편 네덜란드의 오란예 공에
게 도움을 청했어. 오란예 공이 군대를 이끌고 오자, 제임스 2세는 프랑스로 도망갔
어. 의회는 오란예 공과 메리를 왕으로 세우면서 국민의 기본권을 밝히는「권리 장
전」을 발표했지. 이게 바로 '명예혁명'이야. 피를 흘리지 않고, 혼란 없이 명예롭게 혁
명을 이루었다는 뜻에서 붙인 이름이야.

1689년 발표한「권리 장전」은 국왕이 할 수 없는 일과 해야 할 일을 아주 구체적으
로 정해 두었어. 예를 들면 이런 내
용이야. 국왕은 의회가 동의하지
않으면 세금을 거두거나 법 집행에
간섭할 수 없어. 또 예전에는 의회
를 국왕이 마음 내킬 때마다 열었
는데, 이제는 무조건 해마다 열어
야 해. 몇 년마다 선거를 치러 새로
운 의회를 구성해야 하고 말이야.
이때 투표권은 재산이 어느 정도
이상인 사람들만 가질 수 있었어.

18세기 영국 의회의 모습이다. 영국은 명예혁명 이후 의회가
나라를 다스리는 중심 역할을 맡았다.

그 뒤 100여 년 동안 영국의 정치
는 의회 중심으로 돌아갔어. 정기

적으로 의회가 열렸고, 의회에서는 나라를 다스리는 데 필요한 수많은 법을 만들었지. 그리고 점차 선거에서 뽑힌 의원들로 이루어진 평민원에서 다수를 차지한 당파의 지도자가 수상이 되는 내각제가 자리 잡았단다.

그 덕분에 18세기에 영국은 왕, 귀족, 백성이 서로를 견제하는 가운데 균형을 이루는 정치 체제를 갖추었어. 영국 사람들은 정치의 중심을 잡아 주는 의회야말로 영국인 모두의 자유를 지켜 주는 힘이라고 믿었단다.

북아메리카에서 민주 공화국이 나타나다

영국에서 의회가 자리를 잡아 가던 18세기 중반, 영국은 프랑스와 7년 전쟁을 치렀어. 영국은 전쟁에서 승리하여 북아메리카 대부분을 손에 넣었지만, 전쟁에 너무 많은 돈을 쏟아붓는 바람에 나라 살림이 어려워졌어. 영국 의회는 그 해결책을 북아메리카 13개 식민지에서 찾았어. 식민지에 각종 세금을 매겨 걷으려고 한 거야.

북아메리카 식민지 사람들은 영국 왕의 백성이었지만, 그동안 별다른 간섭을 받지 않고 살았어. 스스로 꾸려 가는 의회도 있었지. 그랬는데 갑자기 영국 정부가 온갖 세금을 내라며 간섭하자 화가 날 수밖에 없었어.

그리고 명예혁명 때 만든 「권리 장전」에 따르면 왕은 의회가 동의하지 않으면 세금을 못 거둬. 그런데 식민지인들이 볼 때 영국 의회는 식민지인들을 대표하는 것이 아니었지. 식민지인들은 선거에 참여할 수도 없었고, 식민지를 대표하는 의회 의원이 되어 자기네 이익을 주장할 수도 없었으니까.

식민지인들은 "대표 없는 과세 없다."라는 구호를 내세우고 영국 의회의 결정을 거부했어. 여기에서 재미있는 점을 발견할 수 있어. 영국 사람들은 의회가 왕의 횡포로

미국 독립 전쟁 때 영국군과 식민지군의 이동을 나타낸 지도
이다.

부터 백성의 자유를 지켜 준다고 믿었고, 북아메리카 식민지인들은 의회가 가장 기본적 권리마저 빼앗아 간다고 생각했다는 거야.

어쨌든, 세금 문제로 식민지인들이 반발하자 영국 의회는 군대를 앞세워 저항을 억눌렀어. 그럴수록 식민지인들의 불만은 커져 갔지. 마침내 1774년에 13개 식민지 대표들이 영국의 지배에서 벗어나기 위해 싸우자고 뜻을 모았어. 그리고 이듬해부터 독립 전쟁이 시작되었지.

전쟁 초기에는 아무도 식민지가 영국을 이길 거라고 생각하지 않았어. 영국은 당시 세계에서 가장 부유했고, 가장 강력한 해군을 거느리고 있었으니까. 반면 13개 식민지 사람들은 서로가 한나라 국민이란 생각도 없었고, 전쟁을 치러 본 경험도 별로 없었어. 예상대로 식민지 독립군은 전투에서 거듭 지기만 했어.

그러다가 조지 워싱턴이 독립군 총사령관을 맡아 이끌면서 서서히 영국군을 몰아붙이기 시작했어. 워싱턴과 식민지 지도자들은 미국의 독립이 얼마나 중요한지 일깨우려고 많은 노력을 기울였어. 여기서 중요한 역할을 한 것이 바로「독립 선언서」였단다. 그 앞부분에는 이런 말이 나와.

"인간은 누구나 평등하게 태어나 생명, 재산, 행복을 추구할 권리를 갖는다."

「독립 선언서」는 모든 권력으로부터 시민의 자유를 지켜 줘야 한다고 강조했어. 또 나라를 다스리는 주권이 왕이나 의회가 아닌 국민에게 있다는 생각을 담고 있었지. 다시 말해, 정부나 의회가 국민의 기본적 권리를 해치려 들면 국민이 언제든지 그 권위를 거두어 갈 수 있다는 뜻이야.

독립 전쟁은 10년 가까이 이어졌어. 식민지 군대는 영국과 경쟁 관계인 프랑스를 비롯해 여러 나라의 지원을 받았어. 점점 전쟁은 식민지 군대에 유리하게 돌아갔어. 1783년, 마침내 식민지 군대는 영국군을 완전히 물리친 뒤 새로운 공화국, 즉 미국을 세웠어.

미국의 독립 투쟁과 공화국 수립은 그 뒤 프랑스와, 남아메리카의 에스파냐 식민지 등에 큰 자극을 주었단다. 이들 나라에서도 혁명과 독립 투쟁이 활발하게 일어나기 시작했지.

워싱턴이 영국군과 싸워 이긴 뒤 개선하는 장면을 그린 기록화이다. 워싱턴은 13개 식민지 주민들의 뜻을 한데 모아 독립 전쟁을 승리로 이끌고, 미국의 첫 대통령이 되었다.

프랑스 인들이 시민의 자유와 권리를 주장하다

프랑스 사람들은 미국의 독립 투쟁에 관심이 많았어. 신문과 책은 미국 소식을 자주 전했고, 직접 미국 독립 전쟁에 나가 싸운 사람도 많았어. 왕이 다스리지 않는 나라, 시민이 자유롭게 사는 나라를 꿈꾸는 프랑스 인이 점점 늘었지.

이 무렵 프랑스는 나라 빚이 굉장히 많아서 휘청거리고 있었어. 루이 14세 때부터 전쟁을 여러 차례 일으킨 데다, 베르사유 궁전 등 크고 화려한 건축물을 짓는 데 돈을 쏟아부은 탓이지. 미국 독립 전쟁을 돕느라 또 큰돈을 썼고 말이야.

결국 18세기 말, 프랑스 왕 루이 16세는 그동안 세금을 면제해 주었던 귀족에게도 세금을 내라고 요구했어. 그러자 귀족들은 세금을 낼 테니 정치에 직접 참여할 수 있게 해 달라고 요구했어. 또 오랫동안 열리지 않았던 삼부회를 열어 국왕이 교회, 귀족, 평민의 의견을 들어야 한다고 주장했지.

루이 16세는 처음엔 주저하다가 결국 삼부회를 열겠다고 약속했어. 1789년 5월, 175년이나 중단했던 삼부회가 열렸지. 그런데 다시 열린 삼부회에서는 모든 것이 교회와 귀족들에게 유리하게 결정될 것 같았어. 옛날처럼 삼부회가 열리면 교회, 귀족, 평민 집단이 각각 한 표씩만 행사할 수 있어서 투표 결과가 대개 2 대 1이 되었거든.

삼부회에 참가한 평민 대표들은 삼부회의 투표 방식이 평민에게 너무 불리하다며 불만의 목소리를 높였어. 이들은 따로 모임을 갖고 삼부회에 참가한 사람은 누구나 한 표씩 투표권을 갖고, 평민 대표의 수를 늘려야 한다고 주장했어.

당황한 루이 16세와 귀족들은 군대를 보내 평민 대표들을 잡아 가두려 했어. 그러자 평민 대표들을 지지하는 파리 시민들이 무기를 들고 바스티유 감옥을 습격했어. 이렇게 해서 프랑스 혁명이 시작되었단다.

혁명의 불길은 삽시간에 프랑스 전국으로 퍼져, 왕정이 무너지고 공화 정부가 들어섰지. 혁명 세력은 혁명의 원칙을 담은 「인간과 시민의 권리에 관한 선언」, 즉 「인권 선언」을 발표했어. 프랑스의 「인권 선언」은 미국의 「독립 선언서」와 닮은 점이 많아. 신분이나 지위를 따지지 않고 모든 시민이 자유를 누리고 법 앞에서 평등하다는

프랑스 혁명 전개
1789년 국민 의회
1791년 입법 의회
1792년 국민 공회
1795년 총재 정부
1799년 통령 정부
1804년 나폴레옹, 황제 취임

점, 나라를 이끌어 가는 힘은 왕이 아니라 시민에게서 나온다는 점을 분명히 밝혔어.

　미국의 경우는 귀족이 없고, 시민이 대개 땅을 소유한 사람들이어서 시민의 자유와 평등을 이야기하기가 쉬웠어. 하지만 프랑스의 경우는 좀 달랐단다. 시민의 자유와 평등이 가능하려면 엄격한 신분 질서 아래에서 누려 온 귀족과 교회의 특권을 다 없애야만 했거든. 그러니 반발도 그만큼 거셌지.

프랑스 혁명 때 시민과 농민들은 귀족들을 몰아내고 낡은 신분 제도를 없애고 새로운 공화국을 선포했다. 그리고 혁명을 지키려고 힘을 합쳐 싸웠다.

로베스피에르이다. 프랑스 혁명 때 루이 16세를 포함해 혁명을 반대하는 많은 사람을 죽이는 등 공포 정치를 이끌었다.

루이 16세는 혁명에 불만을 품은 귀족과 유럽 여러 나라 왕들의 도움을 받아 혁명 세력을 공격하려고 했어. 그러나 결국 실패하고, 단두대에서 목숨을 잃고 말아.

그 뒤로도 나라 안팎에서 끊임없이 프랑스 혁명 세력을 흔들었지. 그러자 프랑스 혁명을 지키려는 전쟁이 시작되었어. 프랑스 혁명 전쟁에서 수많은 사람들이 피를 흘렸어. 전쟁에 직접 나섰다가 희생된 사람들뿐만 아니라, 혁명에 반대한다는 이유로 목숨을 잃은 사람들도 헤아릴 수 없이 많았어.

이 전쟁에서 혁명을 지키려는 쪽이 승리하기 어려워 보였어. 그러자 1793년에 혁명을 지킨다는 이유로 '공포 정치'가 시작됐어. 많은 사람이 제대로 된 재판도 받지 못하고 감옥에 갇히거나 처형당했지. 혁명이 약속했던 자유와 평등은 찾아보기 힘들었어.

이 무렵 그 유명한 나폴레옹 보나파르트가 등장해. 그는 뛰어난 지도력을 발휘해 혁명 전쟁을 승리로 이끌었어. 하지만 나폴레옹은 반란을 일으켜 공화 정부를 무너뜨리고, 스스로 황제 자리에 앉고 말아. 힘들게 이룩한 프랑스의 공화정을 군주정으로 되돌려 놓은 거지.

비록 이렇게 후퇴하긴 했지만, 프랑스 혁명은 미국 혁명과 함께 서양인들, 나아가 세계인들이 정치를 이해하는 방식을 바꿔 놓았어. 미국의 「독립 선언서」와 프랑스의 「인권 선언」이 사람에게는 자유와 평등과 같이 누구나 누려야 할 권리, 즉 기본권이 있다는 것을 확실히 밝혔기 때문이야.

모든 사람은 평등하게 태어났다

우리는 모든 사람은 평등하게 이 세상에 태어났고, 세상을 만든 신이 준 몇몇 빼앗길 수 없는 권리를 가지고 있으며, 이들 권리 중에는 생명, 자유 및 행복을 이루려 애쓰는 것도 포함되어 있다고 믿는다. 이들 권리를 누리기 위하여 정부가 만들어진다는 것, 이 정당한 권력은 국민의 동의에서 나온다는 것을 믿는다.

또 어떠한 정부라 할지라도 만약 이 목적을 어긴다면 국민은 그것을 바꾸거나 없애고 그들의 안전과 행복을 위하여 새로운 정부를 만들 권리가 있다고 믿는다.

미국 「독립 선언서」의 일부이다. 토머스 제퍼슨, 벤저민 프랭클린 등이 함께 정리한 이 선언서는 북아메리카 13개 주의 대표들이 연 필라델피아의 대륙 회의에서 모든 참가자들의 찬성을 얻어 1776년 7월 4일 채택되었다. 「독립 선언서」는 다른 무엇보다 모든 권력으로부터 시민의 자유를 보호할 것을 강조했다. 여기에는 나라를 이끌어 가는 권력인 주권은 이제 왕이나 의회가 아니라 국민에게 있고, 정부와 의회가 권위를 갖는 건 국민이 주권의 일부를 일시적으로 나눠 주었기 때문이라는 생각이 깃들여 있다. 다른 말로 하면 정부나 의회가 국민의 기본권을 해치려 들면 언제든지 그 권위를 되돌려 받을 수 있다는 것을 뜻한다. 그림은 13개 주 대표들이 필라델피아 독립관에서 「독립 선언서」를 사람들에게 발표하는 장면이다.

산업 혁명의 동력인 기계.

명예혁명, 프랑스 혁명 등은 정치적인 혁명이었어. 비슷한 무렵 정치뿐만이 아니라
경제에서도 혁명이 일어났지. 이른바 '산업 혁명'이야. 산업 혁명은 18세기 말 영국
에서 시작되었어. 농사나 채집을 하며 먹고살던 사람들이 산업 혁명 이후로는 공장에서
기계를 돌려 상품들을 대량 생산했어. 그러면서 세계는 농업 사회에서 산업 사회로 빠르
게 바뀌었단다.

철과 석탄이 바꾼 세계

영국이 산업 혁명에 성공하다

18세기 초 영국에서는 의회가 중심이 되어 나라를 이끌었고, 정치는 안정을 이루었어. 안정된 정치를 바탕으로 영국 경제는 빠르게 성장했지. 여러 산업이 크게 활기를 띠었는데, 가장 대표적인 것이 면직물 산업이야.

영국은 원래 유럽에서 으뜸가는 양모 생산국이었어. 자연히 양털로 만드는 모직물 산업이 발달했고, 영국 사람들 거의가 모직물 옷을 입었지. 모직물 옷은 따뜻해서, 비가 잦고 기온이 낮은 영국 날씨에 딱 알맞아. 하지만 거칠고, 무겁고, 빨아 입기 쉽지 않으며, 염색하기 어렵다는 단점도 있어. 그래서 당시 영국 사람들은 항상 칙칙한 색깔의 옷을 입어야 했단다.

그런데 17세기부터 아시아에서 면직물이 쏟아져 들어오기 시작했어. 특히 인도에서 질 좋고 값싼 면직물이 많이 들어왔지. 면직물은 모직물처럼 따뜻하면서도 가볍고, 바람이 잘 통하고, 세탁도 쉬워. 게다가 인도 사람들은 염색의 천재라서, 색색으로 화려하게 물들인 면 옷감은 빨아도 색깔을 잃지 않았어. 아름다운 면제품은 금세 영국 사람들을 사로잡아 불티나게 팔렸어.

사람들이 면제품만 찾으니 영국의 모직물 업자들이나 정부는 걱정이었지. 모직물

업자들은 돈벌이가 줄어드는 것 때문에, 정부는 나랏돈이 외국으로 빠져나가는 것 때문에 걱정을 한 거야.

그래서 면제품 수입을 금지하고, 면제품을 입으면 처벌하는 법이 만들어졌단다. 그래도 소용없었어. 사람들은 법을 피해서 몰래 들여온 면제품을 계속 찾았거든. 막는 방법이 통하지 않으니, 차라리 영국이 직접 면제품을 만들어야 한다는 생각이 힘을 얻기 시작했어.

하지만 인도의 것과 경쟁할 수 있는 면제품을 만드는 일은 쉽지 않았어. 인도에서는 사람들이 물레로 실을 자아서 옷감을 만들었어. 손이 많이 가는 일이었지만 인도 사람들의 품삯이 워낙 싸서 면제품의 가격도 쌌지. 그런데 영국 사람들의 품삯은 인도보다 훨씬 높았기 때문에 인도의 면제품과는 가격 경쟁에서 질 것이 뻔했어.

영국의 면직물 업자들은 어떻게 하면 값싸고 질 좋은 면직물을 생산할 수 있을지

산업 혁명 기계 발명
1733년 존 케이, 나는 북 발명
1764년 하그리브스, 제니 방적기
　　　　발명
1768년 아크라이트, 수력 방적기
　　　　개발
1769년 와트, 증기 기관 개발
1779년 크럼프턴, 뮬 방적기 개발
1785년 카트라이트, 방직기 발명
1804년 트레비식, 첫 기관차 발명
1825년 스티븐슨, 여객용 철도
　　　　개통

아크라이트가 18세기 중반에 발명한 방적기이다. 아크라이트 방적기는 물의 힘으로 움직이기 때문에 수력 방적기라 한다. 아크라이트는 영국의 면방적 공업 발전에 큰 역할을 했다.

공장에서 여성과 어린이가 일하는 모습을 그린 19세기 무렵 기록화이다. 기계를 사용하면서 여성과 어린이들도 공장에서 일하기 시작했다.

고민한 끝에 기계의 힘을 빌리기로 했단다. 그 결과 목화에서 실을 뽑는 방적 기계, 실로 천을 짜는 방직 기계가 잇달아 발명되었어.

18세기 중반부터 제니 방적기, 수력 방적기, 뮬 방적기가 차례로 발명되었어. 기계의 힘은 정말 놀라웠어. 방적기는 사람 손보다 300배나 빠르게 실을 자았어.

18세기 말에는 에드먼드 카트라이트가 새로운 방직기를 발명했는데, 덕분에 방직 작업이 40배 가까이 빨라졌지. 더 성능이 좋은 기계를 발명하려는 노력은 계속되었고, 19세기 초에는 증기 기관의 힘으로 옷감을 짜는 역직기가 널리 사용되었어.

18세기 말 리버풀, 맨체스터 등 영국 곳곳에 면직물 공장이 수없이 들어섰어. 방적기와 방직기를 많이 찾자, 기계를 만드는 공장과 제철 공장도 덩달아 바빠졌지. 기계를 돌리는 데 필요한 증기 기관이 발명되고, 석탄 산업도 크게 활기를 띠었어.

기계와 석탄의 시대를 열다

19세기 초 영국은 점차 산업 사회로 바뀌어 갔어. 그건 농업 대신 공업이 경제생활의 중심을 이루게 되었다는 걸 뜻해. 그리고 유럽 내에서뿐만 아니라 세계에서 으뜸가는 산업 국가로 발돋움했단다.

유럽 여러 나라 가운데 왜 하필 영국에서 산업 혁명이 먼저 일어났으며, 성공을 거두었을까? 여러 가지 이유가 있을 테지만 풍부한 철광석과 석탄, 당시 넘쳐나던 노동력을 첫손에 꼽을 수 있을 거야. 여기에 잘 갖춰진 특허 제도와 충분한 자본, 그리고 식민지를 여럿 거느렸던 것도 큰 역할을 했어.

19세기 초 영국 제철 공장에서 철을 생산하는 모습을 그린 기록화이다. 산업 혁명으로 기계 사용이 크게 늘자 제철 산업도 매우 빠르게 발전했다.

산업 혁명에서 가장 큰 역할을 한 것이 기계인데, 기계를 만드는 데는 철이 중요해. 산업 혁명 초기에는 나무로 만든 기계도 있었지만, 철로 만든 기계처럼 튼튼하지 못했어.

영국은 천연자원이 풍부한 편은 아니지만, 철광석과 석탄만큼은 유럽의 어느 나라보다 많았어. 철광석이 풍부했기에 철을 다루는 기술도 앞서 있었어. 18세기 초에는 철광석에서 질 좋은 철을 만들어 내는 새로운 기술을 발명했지. 그 덕분에 기계를 만

와트의 증기 기관이다. 기계를 움직이는 데 널리 이용되어 산업 혁명의 속도를 더욱 높였다.

드는 데 쓰이는 값싸고 질 좋은 철을 충분히 사용할 수 있었어.

석탄도 산업 혁명 때 중요한 역할을 맡았지. 당시 기계를 돌릴 때 증기 기관을 널리 썼는데, 증기 기관은 물을 끓일 때 생기는 수증기의 힘을 이용해 기계를 돌려. 수증기를 만들려면 석탄이나 나무 따위를 태우는데, 석탄은 나무보다 훨씬 적은 양을 쓰고도 똑같은 힘을 내는 수증기를 얻을 수 있어.

이처럼 영국은 풍부한 석탄 덕택에 다른 나라들보다 먼저 증기 기관을 널리 사용할 수 있었어. 19세기 초가 되자 석탄은 기차와 증기선의 연료로 쓰이며 사람들의 생활을 크게 바꿔 놓았지. 또 면직물업, 제철업 등 새로운 산업에서는 새로 발명한 기계들이 상품을 한꺼번에 많이 만들어 냈어.

그런가 하면 당시 영국에는 공장에서 일할 사람이 많았어. 영국은 산업 혁명이 일어나기 전에 농업 혁명을 먼저 겪었어. 그 결과 수많은 사람들이 농촌을 떠나 도시로 몰려들었고, 이들 대부분이 공장으로 가서 일을 했어.

면직물 생산 지역
모직물 생산 지역
조선소
주요 공업 지대
탄광업 지역

에든버러
글래스고
뉴캐슬
선덜랜드
칼라일
스톡턴
달링턴 ── 세계 최초의 철도(1825)
배로인퍼니스
헐
리버풀
맨체스터
홀리헤드
셰필드
노리치
더비
버밍엄
입스위치
카디프
브리스틀 런던
1946년까지의 철도
사우샘프턴 브라이턴
플리머스 포츠머스

영국의 산업 혁명 중심지를 표시한 지도이다. 철과 석탄이 풍부하고 교통이 편리한 곳을 중심으로 산업 혁명 중심지가 만들어졌다.

영국에서 산업 혁명이 성공할 수 있었던 또 한 가지 이유는 새로운 기술과 기계 발명을 보호하고 장려하는 특허 제도가 잘 갖춰져 있었다는 거야. 영국의 특허 제도는 17세기부터 있었지만, 산업 혁명 시대에 접어든 뒤에야 사람들이 비로소 관심을 기울였어. 발명품을 상품으로 만들어 시장에 팔면 큰 이익을 얻을 수 있다는 것을 깨달은 거야.

18세기 말 영국이나, 훗날 미국과 유럽의 다른 나라에서는 발명에 뛰어든 사람들이 참 많았어. 발명가들은 자신의 발명품을 다른 사람들이 함부로 베끼지 못하도록 특허를 얻어 돈을 많이 벌었지. 제임스 와트가 증기 기관을 발명하고 보완하는 데 힘을 기울일 수 있었던 것도 오랫동안 특허 제도의 보호를 받아 안정된 상태에서 연구를 할 수 있었기 때문이야. 이처럼 특허 제도 때문에 남보다 먼저 새로운 기술과 기계를 발명하려는 경쟁이 치열해졌고, 그만큼 영국은 다른 나라보다 새로운 기술과 기계 개발에 앞서 갈 수 있었어.

그런데 발명품을 상품으로 만들어 시장에서 팔기까지는 또 한 가지 필요한 게 있어. 바로 상품을 만드는 데 반드시 필요한 돈, 즉 자본이야. 산업 혁명 시대에 영국은 다른 나라에 비해서 자본을 마련하는 게 쉬웠어. 17세기부터 무역이 발전해서 상인들이 돈을 많이 벌었고, 식민지에서도 많은 재물이 들어왔거든.

그리고 17세기 말부터는 영국 곳곳에 은행들이 여럿 생겨났어. 은행은 돈을 가진 사람과 돈을 필요로 하는 사람을 손쉽게 연결해 주었지. 땅 주인들이 직접 사업에 뛰어들기도 하고 친척이나 친구들에게 자본을 빌려 주는 일도 많았어.

마지막으로 영국은 당시 인도와 북아메리카, 서아프리카 등에 식민지를 여럿 거느리고 있었어. 덕분에 목화를 비롯한 여러 자원을 값싸게 들여올 수 있었지. 그뿐 아니라 공장에서 만든 제품을 식민지에 비싸게 팔아 많은 이익을 남겼어. 그 이익으로 다시 공장을 넓히고 새로운 기계를 사들였어. 이런 방식으로 영국은 눈부신 경제 발전을 거듭할 수 있었지.

생활과 생각이 바뀌다

영국이 산업 혁명에 성공하여 앞서 가자 다른 나라들도 영국을 따라 하기 시작했어. 프랑스, 독일을 비롯한 유럽 여러 나라들과 대서양 건너편 미국도 영국을 따라잡으려고 모든 노력을 기울였지. 그 결과 이들 나라도 차츰 농업 대신 공업이 경제생활의 중심을 이루는 산업 사회로 바뀌었어. 사회가 바뀌자 살아가는 방식과 세상을 보는 눈까지 달라졌지.

"시간은 돈이다."라는 말 들어 봤지? 피뢰침 발명가로 유명한 벤저민 프랭클린이 18세기 중반에 한 말이야. 산업 혁명 이후로 사람들은 이 말을 입에 달고 살았어. 사람들은 시간을 중요하게 여겼고, 일과 쉬는 시간을 뚜렷이 구별하기 시작했어.

> **벤저민 프랭클린**
> 미국의 정치가이자 과학자로, 미국이 독립할 때 큰 공을 세운 사람들 중 한 명이다. 「독립 선언서」를 만들 때 참여했으며, 미국 헌법의 뼈대를 만들었다. 그리고 피뢰침, 다초점 렌즈 등을 발명하였다.

농촌 여성이 집에서 물레로 실을 잣는 모습을 그린 18세기 무렵 기록화이다. 산업 혁명 이전에는 생활에 필요한 물건을 주로 집에서 직접 만들어 썼다.

또 어떻게 하면 돈을 더 많이 벌 수 있을까를 깊이 궁리했어.

산업 혁명은 일터의 모습도 바꾸었어. 공장이 많이 생겼고, 공장에서는 예전에 사람들이 하던 일을 기계가 대신했어. 한지붕 아래 수많은 노동자들이 모이게 된 것도 이전과 달라진 점이야.

산업 혁명 이전에도 공업은 있었지만, 대부분의 사람들은 농촌에서 농사를 짓거나 가축을 키우며 살았지. 농촌 사람들의 일과는 해가 뜨고 지는 것, 계절이 오고 가는 것에 좌우되었어. 낮이 길고 날씨가 따듯할 때는 더 오래 일했고, 밤이 길고 추운 날에는 일하는 시간도 자연스럽게 줄어들었어. 도시와 농촌에서 수공업으로 먹고살던 사람들도 일감이 많아지면 더 열심히 일하고, 일감이 줄면 좀 쉬는 식이었지.

하지만 공장은 날씨와 계절의 변화와 관계없이 언제나 돌아갔어. 공장 노동자들은 정해진 시간에 출근해서, 정해진 시간에 밥 먹고, 정해진 시간 동안 일해야 했지. 잘 모르는 사람이 감독관이 되어 공장 노동자들을 철저하게 관리했기 때문에 게으름을 부릴 수도 없었어. 사람들은 낮과 밤, 계절과 날씨가 아니라 공장의 시계에 따라 움직여야 했지.

그런데도 농촌이나 수공업 작업장에서 일하던 사람들은 일거리를 찾아 공장이 있는 도시로 떠났어. 조그만 땅뙈기를 부치며 겨우겨우 살아가던 농민들은 먹고살기가 더 어려워졌거든. 인구는 계속해서 늘어나는 데다가, 더 넓은 땅에서 새로운 작물을 재배하거나 기계로 농사짓는 일이 늘었기 때문이야. 또 수공업 작업장에서 간단한 도구만 이용해 손으로 만든 제품들은 공장에서 쏟아져 나오는 상품들과 시장에서 경쟁할 수 없었지. 그러니 도시에 살던 사람들도 공장으로 몰려들 수밖에.

공장을 중심으로 새로운 도시가 생겨나기도 했어. 축구팀으로 잘 알려진 맨체스터는 산업 혁명 때문에 새로 생긴 도시야. 그런가 하면 런던처럼 원래 있던 도시는 규모

산업 혁명은 사람들의 생활을 크게 바꾸었다. 사람들은 공장을 중심으로 몰려들어 살았고, 시간에 맞추어 공장에 출퇴근하는 생활을 반복했다. 또 이전과 달리 낯선 사람들과 어울려 살아야 했다.

19세기 초 영국 맨체스터 공장 지대의 굴뚝에서 연기가 나오는 모습을 그린 기록화이다. 맨체스터는 산업 혁명 때 새로 생겨난 도시로, 면직물 공장을 중심으로 빠르게 규모가 커졌다.

가 훨씬 더 커져서, 산업 혁명 때 이미 인구가 100만 명이 넘었단다.

19세기 중반부터 유럽 대륙과 미국에서도 영국처럼 산업 혁명이 시작되었어. 그리고 비슷한 변화들이 일어났어. 농촌에서 도시로 이동하고, 일자리를 찾아 이 도시에서 저 도시로 옮겨 다니는 사람들이 많아졌어. 산업 혁명이 교통의 발달을 이끌어서 사람들이 더 자유롭게 이동할 수 있었던 거야.

분업이 이루어진 공장

솜씨가 서툰 노동자는 아무리 열심히 일해도 하루에 바늘 한 개를 만드는 게 고작이다. 그런데 바늘 공장에서는 노동자 열 명이 같은 시간에 4만 8,000개의 바늘을 만든다. 한 사람당 4,800개를 만드는 셈이다. 이 공장에서는 바늘 만드는 일을 여러 단계로 나누어 노동자들이 한 단계씩 맡아서 일한다. 첫 번째 사람은 철사를 가져오고, 두 번째 사람은 철사를 똑바르게 펴고, 세 번째 사람은 철사를 자르고, 네 번째 사람은 철사 끝을 뾰족하게 하고, 다섯 번째 사람은 바늘귀를 만들 수 있도록 윗부분을 뭉툭하게 간다.

영국의 경제학자인 애덤 스미스의 『국부론』에 나오는 글이다. 오랫동안 사람들은 자기 집에 조그만 작업장을 만들어 놓고 몇몇 일꾼의 도움을 받아 물건을 만들었다. 그런데 산업 혁명 시대에 나타난 공장은 전보다 훨씬 많은 수의 노동자들을 한곳에 모아 놓았으며, 예전에는 한 사람이 하던 일을 여러 사람의 일로 나누는 분업을 실시했다.

스미스는 공장에서 노동자들이 일을 나누어 하는 것이 훨씬 빠르고 효율적이라면서 바늘 공장을 예로 들어 주장했다. 그림은 스미스의 모습이다.

나폴레옹이 프랑스 황제일 때 만든 파리의 개선문.

영국에서는 17세기에 명예혁명이 일어난 뒤로, 의회가 나라를 다스리는 가장 중요한 기관으로 자리 잡았어. 또 미국과 프랑스에서도 18세기 말 즈음부터 국민이 나라의 주인이고, 따라서 국민 모두가 정치에 참여할 권리가 있다는 생각이 힘을 얻어 갔지. 19세기에 이르러서는 유럽의 다른 국가에도 이와 같은 생각이 퍼져 나갔단다.

더 많은 민주주의와 자유를 위한 노력

자유주의와 민족주의가 빠르게 퍼지다

19세기 초가 되자 미국의 독립과 프랑스 혁명의 영향을 받아 유럽과 아메리카의 거의 모든 나라가 혁명의 열기로 들떴지. 특히 프랑스의 나폴레옹이 황제가 된 뒤 군대를 이끌고 유럽 여러 나라를 정복하자, 프랑스 혁명 정신은 더욱 빠르게 퍼졌어.

그러자 유럽의 왕과 귀족들은 두려워졌어. 백성들이 군주정을 없애고 정치에 참여할 수 있는 권리, 즉 참정권을 달라며 들고일어날까 봐 그랬던 거야. 영국의 찰스 1세나 프랑스의 루이 16세처럼 목숨을 잃을 수도 있겠다 싶었지. 이들은 낡은 정치 제도를 지키려고 똘똘 뭉쳐 나폴레옹에 맞서 전쟁을 일으켰단다. 이를 나폴레옹 전쟁이라고 하는데, 1815년까지 20년 넘게 이어지다가 결국 나폴레옹이 졌어.

그 뒤 영국 등 유럽 강국의 지배층은 다시는 프랑스 혁명 같은 사건이 일어나서는 안 된다고 생각했어. 만일 유럽 어느 나라에선가 또다시 정치 제도를 바꾸자는 운동이 일어나면, 무력을 써서 맞서자고 서로 약속했어. 이걸 '빈 체제'라고 부르는데, 오스트리아의 재상 메테르니히가 이끌었어.

이런 약속에도 불구하고 공화 정치와 정치에 참여할 권리를 요구하는 시민들의 운동은 결코 사그라지지 않았어. 마치 프랑스 혁명 때 프랑스 사람들이 그랬던 것처럼,

유럽 곳곳에서 수많은 사람들이 국민이 곧 나라의 주인이라는 주장을 더 강하게 펼쳤지.

그 중심에는 도시의 상공인, 의사와 변호사 같은 전문직으로 이루어진 중간 계급이 있었어. 중간 계급들은 산업 혁명을 거치며 경제 수준은 올랐지만, 정치에 참여할 기회는 거의 막혀 있었어. 이들은 귀족과 성직자 등 일부 특권 계급이 정치를 독차지하는 것이 불만이었지.

한편, 나폴레옹이 공화정을 군주정으로 바꾼 뒤 군주정 아래 살아가던 프랑스 사람들은 1830년과 1848년에 혁명을 다시 일으켰어. 프랑스 혁명의 원칙을 되살려 공화 정치를 다시 실시하고 더 많은 사람들에게 참정권을 달라고 요구했지만, 실패하고 말았지.

그렇다고 그 노력이 헛되지만은 않았어. 그 이후 중간 계급이 참정권을 비롯한 기본적 권리를 얻었거든. 또 의회가 없었던 곳에 의회가 만들어져서 국민의 목소리를 전달하는 길이 열리기도 했어. 일찌감치 의회가 자리 잡았던 영국에서도 낡은 선거 제도를 바꿔 도시의 중간 계급에게 선거권을 주었지.

정치 제도와 사회를 단번에 뿌리째 바꾸려던 혁명은 대부분 실패로 끝났지만, 개혁이 필요하다는 생각은 널리 받아들여졌던 셈이지. 군주정에 맞서 시민의 자유와 평등, 정치 참여를 요구했던 당시의 이런 흐름을 자유주의 운동이라고 해.

자유주의 운동은 다른 나라의 지배에서 벗어나 새로운 나라를 건설하려는 사람들의 움직임을 부추겼어. 우리나라 사람들이 예전에 일본의 지배에 맞서 독립 투쟁을 벌인 것처럼, 유럽과 아메리카 여러 곳에서 비슷한 움직임이 일어난 거야.

언어, 문화, 역사, 전통 등 모든 면에서 자기들과는 다른 제국 아래에서 살고 있던 사람들이 자기 민족만의 나라를 세우고 싶어 했어. 즉, 민족의 독립을 원했던 거지. 이런 흐름을 민족주의 운동이라고 해.

오랫동안 오스만 제국의 지배를 받았던 그리스 사람들은 독립 전쟁을 일으켰고, 같은 민족이면서도 여러 나라로 나뉘어 있던 독일이나 이탈리아 사람들은 통일 전쟁을 벌였지. 200년 넘게 에스파냐의 식민 지배에 시달리던 남아메리카 사람들도 독립 투쟁을 펼쳤어.

그 결과 그리스 사람들은 오스만 제국의 지배에서 벗어나 독립했고, 벨기에 사람들은 네덜란드로부터 독립했지. 남아메리카의 여러 나라도 차례로 독립을 이루었어.

성공한 사례도 있었지만 실패한 경우도 있었어. 독일 사람들은 1830년과 1848년에 나라의 통일과 시민의 권리를 보장하는 정치 제도를 요구하며 혁명을 일으켰지만 실패했어. 이탈리아나 폴란드 사람들도 각각 통일과 독립을 이루고 싶어 했지만 그 뒤로도 더 많은 희생을 치르고 한참 기다려야 했단다.

시몬 볼리바르가 1824년 페루 독립 전쟁에서 군대를 이끌고 에스파냐군과 싸우러 나서는 모습을 그린 기록화이다. 볼리바르는 에스파냐의 식민 지배에 시달리는 남아메리카 여러 나라의 독립 운동을 이끌어, '남아메리카의 해방자'라고 불린다.

자본가와 노동자의 갈등과 대립이 커지다

산업 혁명을 거치는 동안 영국에는 큰돈을 번 사람들이 많이 생겼어. 공장 주인이나 상인 같은 사업가들은 공장에서 기계로 생산한 물건들을 시장에 내다 팔아 큰 부자가 되었지. 또 사업가들에게 돈을 빌려 주고 이자를 챙기는 은행가들의 주머니도 두둑해졌어. 이런 사람들을 통틀어 자본가 또는 부르주아지라고 불러.

자본가들은 물건을 더 빨리, 더 많이 생산하려는 경쟁에 너나없이 뛰어들었어. 그래야 물건 값을 낮출 수 있고, 그만큼 물건이 더 많이 팔려 더 큰 이익을 남길 수 있었거든. 자본가들은 공장을 더 크게 짓고 더 좋은 기계를 들여왔어. 그리고 작업 감독을 두어 노동자들이 게으름을 피우지 않는지 눈에 불을 켜고 감시하도록 시켰지. 기계를 더 빨리 돌려 노동자들이 더 열심히 일하게끔 만들기도 했어. 어떻게 하면 더 많은 이익을 얻을 수 있는가가 유일한 관심이었지.

노동자들은 뒤떨어진 환경에서 기계보다 못한 대우를 받으며, 아침부터 밤늦도록 쉴 새 없이 일해야 했어. 잠깐 밥 먹는 시간을 빼고는 하루 종일 기계 앞에서 정신없이 일해야 했지. 하지만 노동자들이 자기 처지를 나아지게 할 수 있는 일은 별로 없었어. 일을 조금이라도 게을리 하면 처벌을 받았고, 불만을 이야기하면 일자리를 잃을 수도 있었거든.

이게 바로 산업 혁명이 몰고 온 큰 변화야. 한쪽에는 공장과 원료를 가지고 있는 자본가가 있고, 다른 한쪽에는 노동력을 가진 노동자가 있어. 자본가가 노동자를 고용해서 생산을 하는 게 자본주의 사회의 기본적인 모습인데, 산업 혁명이 이런 사회를 만든 거야.

자본가와 노동자의 차이가 점점 벌어지자, 노동자들도 자기네 이익을 보호하고 노동 조건을 개선하려고 애를 썼어. 그러면서 참정권 요구 운동과 노동조합을 만들려

자본가와 정치가의 관계를 풍자한 그림이다. 자본가들은 돈으로 정치가들을 자기편으로 만들어, 자신들에게 유리한 정책을 세우도록 했다.

는 노력을 활발하게 펼쳤어.

당시 유럽 나라들은 재산이 많은 사람에게만 정치에 참여할 자격을 주었어. 가난한 노동자들은 선거권 같은 기본권조차 없었기 때문에 노동자들은 참정권 요구 운동을 벌였어. 선거에 나가 국회 의원이 되어 자기네 이익을 지키고, 선거에서 투표할 권리를 얻기 위해서였어.

한 명의 노동자가 돈과 권력을 거머쥔 자본가와 맞서 이긴다는 것은 거의 불가능한 일이었어. 노동자가 힘센 자본가를 이길 수 있는 길은 많은 노동자들이 힘을 한데 모아 맞서는 것이었지. 그래서 노동자들은 노동조합을 만들어 자본가들의 횡포에 맞서기 시작했어.

처음에 자본가들과 정부는 노동자들의 참정권 요구를 무시하고 노동조합을 인정하려 하지 않았어. 노동자들이 정치에 참여하거나 노동조합을 만들어 작업 환경 개선,

임금 인상, 노동 시간 단축 등을 요구하면 자본가 자신의 몫은 줄어들 것 같았어. 또 일을 중단하는 파업 등을 벌이면 사회 질서가 무너질 것 같았지.

대부분의 나라에서 정부와 자본가들은 서로 손을 잡고 노동자들의 움직임을 억눌렀어. 수많은 노동자들이 처벌을 받았지만, 노동자들은 끈질기게 참정권을 요구하고 노동조합을 만들어 자기네 이익을 보호하겠다고 주장했어.

노동자들의 노력이 결실을 맺기까지는 오랜 시간이 필요했어. 19세기 후반이 되어서야 영국을 비롯한 유럽 나라들과 미국에서 노동조합이 법적으로 인정을 받고, 노동자들이 선거에 참여할 수 있게 되었어.

자유 무역의 깃발을 앞세우다

19세기 초 유럽과 미국 등에서 산업 혁명이 활발하게 진행되는 동안 교통과 통신 수단이 아주 빠르게 발전했어. 산업 혁명에 필요한 물자, 사람, 정보가 멀리까지 빠르게 이동하려면 교통과 통신 수단의 발전이 꼭 필요했거든.

영국에서는 산업 혁명이 시작되기 전부터 도로를 새로 깔고 운하를 건설하는 일이 이미 활발했어. 그런 데다가 산업 혁명으로 철, 기계, 전기 공업이 발전하자 교통과 통신에서 진짜 엄청난 변화가 이루어졌어.

1825년 조지 스티븐슨이 처음으로 증기 기관차를 이용한 철도를 영국에서 개통했어. 그 뒤 유럽의 다른 나라들과 미국도 앞다투어 철도를 건설했지. 얼마 뒤에는 유럽 나라들이 지배하는 식민지에도 철도가 많이 생겨났어. 대부분 식민지 사람들의 저항을 억누르려고 군대를 보내거나, 식민지의 원료를 가져오거나, 식민지에 팔 물건을 실어 나르기 위해서였지만 말이야.

변화는 바다에서도 일어났어. 1787년 프랑스에서 처음으로 증기선을 만들었는데, 19세기 중반 즈음에는 바람의 힘으로 움직이는 범선을 대신해 증기선이 전 세계 바다를 누비고 다녔지.

19세기 중반과 후반의 유럽의 철도 지도이다. 철도는 19세기 중반 영국에서 처음 건설된 뒤 빠르게 유럽 전체로 퍼져 나갔다. 그에 따라 프랑스, 독일 등 여러 나라에서도 제철 산업 등이 발달했다.

이처럼 철도와 증기선이 발전한 덕분에 많은 물자가 여러 나라와 대륙 사이를 빠르게 오고 갔어. 영국에서는 면직물 따위의 공산품을 만들어 다른 나라의 농산물이나 원료와 교환했어. 사람들은 이제까지 써 보지 못했던 세계 각국의 상품을 쓸 수 있게 되었고, 돈을 벌 새로운 기회를 찾아 자유롭게 떠날 수 있었지.

통신 수단도 크게 발전했어. 1840년대에 미국과 영국에서 새뮤얼 모스가 발명한 전신망이 놓이기 시작했고, 1860년대에는 유럽과 아시아, 유럽과 미국을 연결하는 해저 전신 케이블이 놓였어. 이제 멀리 떨어져 있는 사람들에게도 즉시 소식을 전할 수 있었지. 불과 몇 분 안에 뉴스와 정보가 전 세계로 퍼져 갔단다.

교통과 통신 수단의 발전은 이전에는 상상조차 할 수 없던 새로운 기회를 가져다주었고, 생활을 풍요롭게 만들어 주었어. 하지만 모두가 그 혜택을 누렸던 것은 결코 아니야. 비위생적인 공장에서 하루 종일 기계와 씨름해야 하는 노동자들에게는 날마다 새롭게 쏟아지는 상품들이 그림의 떡일 뿐이었어.

자본가들 역시 새로운 세계에 적응하는 것이 쉽지 않았어. 성공하는 사람들보다 실패하는 사람들이 훨씬 많았지. 산업 혁명이 전 세계로 퍼져 많은 나라에서 비슷한 상품을 만들어 냈고, 그만큼 경쟁이 더 치열해졌어. 경쟁에서 살아남는 것은 자본가에게나 노동자들에게 쉬운 일이 아니었어.

아직 산업 혁명을 겪지 않은 나라들도 경쟁에서 자유롭지 않았어. 기계로 생산한 값싼 물건들이 대량으로 들어오기 시작하면서 수공업으로 만든 물건은 더는 상대가 되지 못했어. 이 무렵 영국 사람들은 공장에서 만든 값싸고 질 좋은 영국 상품과 다른 나라의 원료나 농산물을 아무 제약 없이 자유롭게 교환하는 것이 두 나라 모두에 이익이라고 주장했지. 사람들은 그걸 자유 무역이라고 불렀단다.

하지만 영국 상품 때문에 설 자리를 잃은 사람들 눈에 자유 무역은 공평해 보이지 않았어. 그래서 아시아의 여러 나라들은 영국의 자유 무역을 받아들이려 하지 않았단다. 영국은 대개 외교 활동을 통해 다른 나라를 설득하려 했지만, 그래도 받아들여지지 않으면 무력을 쓰는 것도 서슴지 않았어. 산업 혁명과 교통·통신의 발전 덕분에 세계는 좁아졌지만 그만큼 경쟁과 갈등도 심해졌던 거야.

캐나다 — 목재·곡류·모피
미국 — 목화·밀·담배
남아메리카 — 설탕
— 커피·목화
아르헨티나 — 식용유·밀

영국 — 철강·기계·면제품
러시아
청
인도 — 차·비단·도자기
아프리카 — 목화 / 금·상아 / 다이아몬드
인도 — 목화 / 아편
오스트레일리아 — 양모
밀

■ 영국의 식민지　■ 영국의 수입품　■ 영국의 수출품

산업 혁명에 성공한 영국은 세계 곳곳에 둔 식민지에서 목화, 양모, 설탕 같은 원재료를 값싸게 사들인 뒤 공장에서 물건을 대량 생산해 힘을 앞세워 다른 나라에 팔았다.

더러운 환경에서 살아가는 노동자들

나는 사람들이 아무런 가재도구도 없이 살아가며, 결혼한 두 쌍이 한 방을 사용하는 (…) 비참한 경우를 이전에는 결코 보지 못했다. 하루는 내가 일곱 집을 방문했는데 침대가 있는 집은 하나도 없었을뿐더러, 그중 몇몇 집은 짚더미조차 없었다. 팔순의 노인들이 마룻바닥에서 자고 있었고, 대부분이 낮에 입던 옷차림 그대로였다. 한 지하실 방에서 스코틀랜드의 서로 다른 지역에서 온 두 식구를 만났다. 고향을 떠나온 뒤 두 아이가 죽었고 (…) 셋째 아이가 죽어 가고 있었다. 가족 모두 방 한구석에 더러운 짚더미를 안고 누워 있었다. 그 지하실에는 두 가족 이외에 당나귀가 한 마리 살고 있었으며, 게다가 지하실은 너무 어두워 낮에도 사람을 구별하기 어려웠다.

19세기 초, 영국의 한 목사가 가난하고 어렵게 사는 도시의 노동자들을 묘사한 글이다. 산업혁명은 농촌 중심의 사회를 도시 중심의 산업 사회로 변화시켰다. 농촌에서 많은 사람이 일자리를 찾아 도시로 몰려들었고, 그러면서 도시의 주택, 위생, 노동 조건들이 아주 나빠졌다.

새로운 세계, 새로운 사상

18세기 말부터 유럽은 산업 혁명과 시민 혁명을 거쳤어. 그러면서 노동자와 자본가 등 새로운 계급이 나타나고, 사회 문제도 예전보다 복잡해졌어. 그러자 사회 문제를 해결하는 방법을 두고 생각이 다른 여러 정치 세력이 나타나 경쟁했어. 이들은 특정한 정치사상과 이념을 따르며 자신들이 바라는 세상을 만들려고 애를 썼지. 이들이 어떤 세상을 만들려고 했는지 알아보자.

	자유주의	무정부주의
등장 시기	18세기 말	19세기 초
주요 인물	애덤 스미스, 제러미 벤담, 데이비드 리카도, 존 스튜어트 밀	윌리엄 고드윈, 피에르 조제프 프루동, 레프 톨스토이
중심 생각	개인의 권리와 자유가 가장 중요하다고 생각해서 국민이 원하는 것을 이룰 수 있는 기회와 자유, 사람의 생명과 사유 재산을 지킬 수 있는 권리 등 기본적 인권을 보장해야 한다고 주장해. 자유롭고 평등하도록 개인의 인권을 지키려면 걸림돌이 되는 정부의 간섭은 줄이고, 자유로운 경쟁을 보장해 주어야 한다고 생각해.	국가는 사람들이 원하는 대로 행동하지 못하게 하기 때문에 '악'이라고 주장해. 사람은 원래 선하기 때문에 다른 사람의 명령을 받을 필요가 없고, 간섭받지 않으면 저마다 자연스럽게 사회에 이로운 행동을 할 것이라고 생각하기 때문이야. 모두가 완전한 자유를 누리며 자기 원하는 대로 행동하는, 국가와 정부 없는 사회를 만들려고 노력했지.
영향	자본주의 경제와 시민들의 자유와 권리 발전에 크게 이바지했어.	19세기와 20세기에 걸쳐 소규모 공동체 운동에 영향을 미쳤고, 러시아를 비롯해 세계 여러 나라의 혁명 운동에 이바지했어.

제러미 벤담
존 스튜어트 밀
레프 톨스토이
피에르 조제프 프루동

부유한 자본가와 가난한 노동자들

민중을 이끄는 자유의 여신

이상적 사회주의

- 19세기 초
- 클로드 생시몽, 샤를 푸리에, 로버트 오언
- 산업 사회로 접어들자 빈부의 격차가 심해지고 노동 조건이 나빠지는 등 여러 사회 문제가 드러났지. 이를 개선하기 위해 국민이 함께 일하고 서로 돕는 사회적 존재라는 점을 강조했어. 그리고 계몽과 설득에 바탕을 둔 이상적 공동체를 만들고 노동조합을 만들어서 현실의 문제를 조금씩 고쳐 나가는 데에 힘을 쏟았지.

- 영국을 비롯해 유럽의 노동조합 운동에 영향을 미쳤고, 노동 조건을 나아지게 하는 데 이바지했어.

과학적 사회주의

- 19세기 중반
- 카를 마르크스, 프리드리히 엥겔스
- 자본주의 산업 사회의 문제를 근본적으로 해결하기 위해서 개인 재산을 없애고 생산 수단을 공동으로 소유하며, 모두가 평등하게 함께 일하는 공산주의 나라를 만들어야 한다고 주장해. 그러려면 노동자들이 힘을 합쳐 폭력 혁명으로 지본주의 사회를 뒤집어야 한다고 생각해.

- 19세기 유럽을 비롯해 세계 여러 나라 노동 운동에 영향을 미쳤어. 20세기 초 러시아를 시작으로 세계 여러 나라에 공산주의 정부가 들어서는 데 큰 이바지를 했어.

민족주의

- 18세기 말
- 요한 피히테, 주세페 가리발디
- 하나의 민족이 하나의 통일 국가를 만들어 민족의 발전을 이루어야 한다고 주장해. 민족 고유의 언어, 역사, 문화 등을 중요하게 여기고, 이를 통해 통합을 이루고 유지하려고 하지.

- 19세기 이탈리아와 독일의 통일에 이바지했어. 20세기에는 파시즘과 나치즘으로 나타났지. 반면 아시아와 아프리카 나라들이 유럽 제국주의에 맞서 싸울 때에도 큰 이바지를 했어.

샤를 푸리에
클로드 생시몽

카를 마르크스
프리드리히 엥겔스

주세페 가리발디

근대의 문을 연 사람들

경제학의 아버지 애덤 스미스 (1723. 6. 5 ~ 1790. 7. 17)

경제학의 기초를 처음으로 다진 영국의 경제학자이다. 1768년부터 『국부론』을 쓰기 시작해 10년 가까이 연구와 수정을 거듭해 책을 완성했다. 이 책에서 분업론, 자유 무역, 시장의 역할을 강조하는 등 경제학 연구의 기반을 다지고, 자본주의 경제 이론 발전에 큰 역할을 했다. 많은 경제학자에게 큰 영향을 끼쳐 '경제학의 아버지'라고 불린다.

산업 혁명에 큰 공을 세운 제임스 와트 (1736. 1. 19 ~ 1819. 8. 25)

증기 기관을 발명한 영국의 기술자이다. 뉴커먼의 증기 기관이 증기를 너무 많이 낭비한다는 점을 발견하고 증기 기관 개선에 힘을 쏟았다. 1769년에 증기 기관에 대해 최초로 특허를 받았고, 1782년에는 증기를 이용하여 양쪽으로 피스톤을 밀어내는 순환식 증기 기관을 만들었다. 순환식 증기 기관은 공장 수공업에서 대규모 생산으로 넘어가는 문을 열었고, 그 뒤로 영국 산업 혁명의 발전 속도가 매우 빨라졌다.

미국 공화주의를 발전시킨 토머스 제퍼슨 (1743. 4. 13 ~ 1826. 7. 4)

미국의 제3대 대통령으로, 『독립 선언서』를 만드는 데 참여했다. 젊은 시절 영국과 프랑스 계몽주의에 큰 영향을 받았으며, 평생 계몽주의의 이상을 이루려 애를 썼다. 대통령으로 있던 9년 동안 헌법에서 정한 공화제와 민주주의 원칙을 철저하게 지키며 미국에 민주주의가 뿌리내리도록 했다. 또 루이지애나를 사들여 미국 영토를 넓히기도 했다. 오늘날까지 가장 훌륭한 미국 대통령으로 손꼽힌다.

자유주의를 퍼뜨린 보나파르트 나폴레옹 (1769. 8. 15 ~ 1821. 5. 5)

프랑스의 군인이자 정치가로, 프랑스 혁명 때 다른 나라의 침략을 막아 내는 데 크게 활약했으며, 1799년에 쿠데타를 일으킨 뒤 황제가 되었다. 그 뒤 10여 년 동안 에스파냐 등 여러 나라를 정복해 유럽 대부분을 차지했다. 『나폴레옹 법전』을 만들고 프랑스 혁명 정신을 널리 퍼뜨린 덕분에, 유럽 곳곳에서 정치적 자유를 주장하는 움직임이 활발해졌다. 하지만 1812년 러시아 원정에서 실패하고 유럽 연합군과 싸워 진 뒤 엘바 섬으로 유배되었다. 1년도 채 되지 않아 엘바 섬에서 도망쳐 나와 다시 권력을 쥐었지만, 워털루 전투에서 진 뒤 세인트헬레나 섬에 갇혀 그곳에서 숨졌다.

철도의 아버지 조지 스티븐슨 (1781. 6. 9 ~ 1848. 8. 12)
증기 기관차를 발명해 산업 혁명에 활기를 불어넣은 영국의 발명가이다. 가난한 집에서 태어나 학교를 다니지 못하고 어려서부터 탄광에서 일하며 기술을 배웠다. 열여섯 살에 증기 기관차에서 불 때는 일을 했으며, 그러면서 증기 기관을 연구했다. 1814년에 탄광에서 사용하는 기관차를 발명했고, 그런 뒤 철도의 선로를 생각해 내 1825년에 스톡턴과 달링턴 사이에 처음으로 철도를 만들었다. 이후 리버풀과 맨체스터 사이에 철도를 만들었다.

남아메리카의 해방자 시몬 볼리바르 (1783. 7. 24 ~ 1830. 12. 17)
에스파냐 혈통의 베네수엘라 크리오요 귀족으로, 외국에서 교육을 받았다. 20대에 남아메리카로 돌아와 에스파냐 지배에 맞서 전쟁을 일으켰다. 베네수엘라의 최고권자 자리를 차지했으나, 곧 쫓겨났다. 1819년에 군대를 이끌고 돌아와 콜롬비아의 에스파냐 인들과 집권 세력을 물리쳤다. 그 뒤 콜롬비아, 베네수엘라, 에콰도르를 합쳐 새로운 연방국인 그란콜롬비아 공화국을 만들고, 페루와 볼리비아를 완전히 해방시켰다.

역사 용어 풀이

권리 장전(權利章典 : 권력 권, 이로울 리, 글 장, 법 전) 1689년에 만들어진 영국의 법률. 법을 정하고 세금을 매길 때의 의회의 권리를 법으로 정함으로써, 왕의 권력이 너무 커지는 것을 막고 의회 중심의 정치 체제를 다짐. (12쪽)

삼부회(三部會 : 석 삼, 집단 부, 모일 회) 중세 후기 프랑스에 있었던 성직자·귀족·평민의 세 계급 대표자로 이루어진 의회. 1302년부터 1614년까지는 왕이 주도하여 국민 대표에게 협력을 요청하던 자문 기관이었는데, 왕의 권력이 강해지면서 열리지 않다가 1789년에 다시 열림. (16쪽)

방적기(紡績機 : 실 방, 뽑을 적, 틀 기) 목화나 양모 등 원료 덩어리에서 뽑아 낸 섬유를 꼬아서 실로 빼내는 기계. (23쪽)

방직기(紡織機 : 실 방, 짤 직, 틀 기) 실로 천을 짜는 기계. (23쪽)

역직기(力織機 : 힘 역, 짤 직, 틀 기) 수력이나 전력 등의 동력으로 움직이는 방직기. (23쪽)

산업 사회(産業社會 : 낳을 산, 일 업, 모일 사, 모일 회) 공업이 크게 발달하여 경제의 중심을 이루고, 모든 생활 양식과 제도가 아주 잘 짜여진 사회. (24쪽)

참정권(參政權 : 간여할 참, 다스릴 정, 권리 권) 국민이 나랏일에 직접 또는 간접으로 참여하는 권리. 선거권·피선거권·공무원이 될 수 있는 권리 따위가 있음. (33쪽)

중간 계급(中間階級 : 가운데 중, 사이 간, 사다리 계, 등급 급) 지배 계급과 피지배 계급의 중간에 자리한 사회층. (34쪽)

자본가(資本家 : 재물 자, 밑천 본, 집 가) 자본금을 빌려주어 이자를 받거나, 자본금으로 노동자를 고용하고 기업을 경영하여 이윤을 얻는 사람. (36쪽)

자유 무역(自由貿易 : 스스로 자, 말미암을 유, 바꿀 무, 바꿀 역) 한 나라의 정부가 외국 무역에 제한을 가하거나 보호·장려를 하지 않고, 수출과 수입을 자유로이 하도록 내버려 두는 무역. (40쪽)

2 유럽 제국이 지배한 지구촌

1837
영국, 빅토리아
여왕 즉위

1839
오스만 제국, 탄지마트
개혁 실시

1840
청과 영국,
아편 전쟁 발생

1851
청, 태평천국
운동 발생

1857
인도, 세포이
항쟁 발생

1861
미국, 남북 전쟁 발생
(~1865년)
청, 양무운동 발생

1862
미국, 링컨 대통령
노예 해방 선언

1868
일본, 메이지 유신
발생

1871
독일 제국
성립

1884
조선, 갑신정변 발생

영국 런던 버킹엄궁 앞에 있는 빅토리아 여왕 기념 조각상.

유럽의 오랜 강자인 영국과 프랑스는 19세기 중반에도 유럽 최고의 강대국으로 발전을 이어 갔어. 조금 늦게 산업 혁명을 이룬 독일과 이탈리아도 두 나라를 빠르게 뒤쫓았어. 이 무렵 이들 나라 국민은 대부분 다른 문명과 인종보다 자신들이 낫다는 우월의식을 가지고 있었고, 유럽의 앞선 문명을 널리 퍼뜨리는 것이 자기네 임무라고 생각했단다. 그러면서 제국주의가 전 세계로 뻗어 나갔어.

유럽 제국들의 번영과 경쟁

유럽에 강대국이 여럿 나타나다

산업 혁명으로 영국의 경제가 빠르게 발전하던 1837년, 빅토리아 여왕이 왕의 자리에 올랐어. 빅토리아 여왕은 60년 가까이 나라를 다스렸는데, 그 시기에 영국은 최고의 번영을 누렸단다.

빅토리아 여왕은 "군림하되 통치하지 않는다."는 원칙에 따라 나라를 다스렸어. 왕의 자리를 지키되 나랏일은 의회에 맡긴 거야. 그 덕분에 영국 의회 정치가 자리 잡았지.

빅토리아 여왕 때 영국은 아편 전쟁으로 청을 무릎 꿇리고, 러시아와 크림 전쟁을, 남아프리카에서 보어 인과 보어 전쟁을 벌여 영국의 힘을 뽐냈지. 그런가 하면 수많은 공장에서 쏟아 낸 엄청난 영국 상품은 배에 실려 세계 곳곳으로 팔려 나갔어. 당시 영국을 '세계의 공장'이라고 불렀지.

영국 정부는 1851년 런던의 하이드파크에서 국제 박람회를 열었는데, 큰 유리로 만든 수정궁 안에 각종 신제품들을 전시했지. 영국 정부가 많은 돈을 들여 이 행사를 연 목적은 하나였어. "영국이 최고의 산업 국가임을 전 세계가 똑똑히 알게 하라."는 거였지.

나폴레옹 3세의 초상화이다. 2월 혁명으로 대통령에 뽑혔으나, 1851년에 쿠데타를 일으키고, 1852년에 헌법을 바꿔 황제가 되었다. 나폴레옹 1세의 조카이다.

한편 프랑스는 18세기 말부터 프랑스 혁명, 나폴레옹 전쟁, 나폴레옹의 몰락, 1848년 혁명 등 큰 사건들을 잇달아 겪었어. 그동안 왕정과 공화정을 왔다 갔다 했지.

그러다가 1848년 12월에 새로운 헌법에 따라 대통령 선거를 치렀는데, 나폴레옹 1세의 조카인 루이 나폴레옹이 뽑혔어. 그런데 루이 나폴레옹은 1851년 12월에 삼촌처럼 쿠데타를 일으켰어. 그러고는 황제, 즉 나폴레옹 3세가 되었지.

나폴레옹 3세는 더 많은 공장을 짓고 기술 개발과 무역에 힘을 쏟아 프랑스 경제를 더욱 발전시켰어. 파리에 오늘날처럼 사방으로 뻗어 나가는 넓은 도로와 멋진 광장, 근사한 건물이 들어선 것도 이 무렵이야.

하지만 나폴레옹 3세는 자신의 인기가 떨어질 때마다 전쟁을 벌여 인기를 회복하려 했어. 크림 전쟁, 이탈리아 통일 전쟁, 멕시코 전쟁 등 여러 전쟁에 나갔지만 그리 재미를 보지 못했어. 그리고 프로이센과 벌인 전쟁에서 지면서 아예 황제 자리에서 쫓겨났지.

이번에는 독일과 이탈리아로 눈길을 돌려 볼까? 독일과 이탈리아라는 나라가 생겨난 것은 19세기 중엽에나 가서였어. 그 전에는 조그만 여러 나라로 나뉘어 있었지. 두 나라 모두 지역마다 차이가 컸던 데다, 주변 나라들의 간섭이 너무 심해서 오랫동안 작은 나라들로 나뉘어 있었지.

이탈리아의 통일 운동은 프랑스 대혁명 이후에 시작되었어. 비밀 조직인 카르보나리와, 주세페 마치니가 이끈 청년 이탈리아 운동 세력이 통일 운동을 이끌었어. 이들은 당시 이탈리아를 지배하던 오스트리아에 맞서 여러 차례 들고일어났지만, 실패를 맛보며 어려움을 겪었어.

그러는 가운데 19세기 중반 이탈리아 중부 지역의 사르데냐 왕국이 차츰 통일 운동의 중심이 되었어. 사르데냐의 왕 에마누엘레 2세와 카보우르 수상은 근대적인 개혁 정책을 펼치며 나라의 힘을 키웠고, 오스트리아와 전쟁을 벌이며 주변 지역을 통합해 나갔지. 한편 이탈리아 남부에서는 주세페 가리발디가 군대를 이끌고 시칠리아, 나폴리 등을 차지했어. 가리발디는 왕이 나라를 다스리는 것을 반대하는 공화주의자였지만, 통일을 위해 이탈리아 남부를 에마누엘레 2세에게 바치고 자기는 물러났지.

마침내 1861년 1월, 에마누엘레 2세는 이탈리아 왕국을 세웠단다. 그는 외교와 전

1860년 8월 가리발디와 에마누엘레 2세가 만나는 모습을 그린 기록화이다. 두 사람은 힘을 모아 이탈리아 통일을 이루었다.

쟁을 통해 베네치아와 로마마저 손에 넣었고, 1871년에는 수도를 피렌체에서 로마로 옮겼지. 그 뒤 이탈리아는 북부를 중심으로 산업을 발전시키고, 군대를 정비하는 등 힘을 키워 유럽의 강대국으로 성장했단다.

한편, 이탈리아 왕국이 만들어진 1861년에 프로이센에서는 빌헬름 1세가 새로 왕위에 올랐어. 당시 프로이센은 오스트리아에 비해 작고 힘없는 나라였어. 빌헬름 1세는 군대를 개혁해서 프로이센을 강한 나라로 만들려 했지. 그는 나중에 '철혈 재상'이라는 이름을 얻은 오토 비스마르크를 총리로 임명해.

비스마르크는 "오직 철과 피가 프로이센을 강한 나라로 만들 것"이라며 군대를 늘리고 주변 나라와 전쟁을 벌여 영토를 넓혀 갔어. 그러면서 주도권을 쥐고 독일의 통일을 밀어붙였지.

1870년에는 독일의 통일을 반대하는 프랑스에 전쟁을 선포하고 거침없이 나아가 파리를 차지하기도 했단다. 프로이센은 프랑스를 무릎 꿇린 뒤, 그 기세를 몰아 1871년 1월 프랑스의 궁전인 베르사유에서 독일 제국 수립을 선언했단다. 이렇게 해서 유럽에 독일 제국이라는 또 하나의 강대국이 등장했지.

무기를 앞세워 세계로 뻗어 나가다

19세기에 유럽의 여러 나라는 통일된 국민 국가를 만드는 데 힘을 쏟는 한편, 식민지를 많이 차지해서 세계 제국이 되는 것을 국가의 목표로 삼았지. 그리고 해외로 뻗어 나가야 강대국이 되고 잘살 수 있다는 생각이 전 유럽으로 퍼져 나갔어. 바야흐로 다른 민족을 정치적·경제적으로 지배하는 제국의 시대였어.

이처럼 유럽 나라들이 식민지 개척에 적극적으로 나선 것은 산업 혁명 이후 공장에서 쏟아 내는 상품들을 팔려면 더 많은 시장이 필요했기 때문이야. 또 계속해서 더 많은 상품을 생산하려면 값싼 원료가 필요했지. 이 문제를 손쉽게 해결하는 방법은 해외 식민지를 만드는 것이었어.

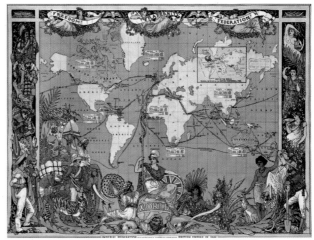

1886년 무렵 영국의 식민지를 표시한 지도이다. 이 무렵 영국은 세계 곳곳에 식민지를 거느려 '해가 지지 않는 제국'이라고 불렸다. 그림 속 지도의 붉은색 부분이 영국의 식민지이다.

유럽 나라들 중 식민지 개척에 가장 앞선 나라는 영국이었어. 영국은 18세기 말 북아메리카에서 미국 지역은 잃었지만 여전히 캐나다 지역을 차지하고 있었고, 인도를 비롯해 동남아시아, 아프리카 등 세계 곳곳에 식민지를 거느리고 있었지. 19세기에 영국 깃발은 전 세계 절반 가까운 땅에서 휘날렸고, 사람들은 당시 영국을 가리켜 '해가 지지 않는 제국'이라고 불렀단다.

프랑스는 19세기 초 나폴레옹 시대 때부터 해외로 뻗어 나가 식민지를 만드는 데 힘을 쏟았지. 그래서 북아프리카를 침략해 이집트와 튀니지 등을 차지하였고, 19세기 중반에는 서아프리카와 동남아시아에 식민지를 만드는 일에도 꽤 열심이었단다.

한편 19세기 중반에 통일을 이룬 이탈리아와 독일은 뒤늦게 식민지 만들기 경쟁에 뛰어들었어. 두 나라는 영국과 프랑스처럼 강대국으로 행세하려면 식민지를 꼭 거느려야 한다고 생각했어. 그래서 영국과 프랑스가 미처 차지하지 못한 아프리카와 아시아의 남은 땅을 조금이라도 더 차지하려고 애를 썼단다.

힘센 나라가 약한 나라를 침략하여 식민지로 삼는 것은 아주 오래전부터 오늘날까

맥심 기관총

1883년 하이럼 맥심이 개발한 것으로 세계 최초의 완전 자동식 기관총이다. 탄알을 계속 공급하는 방식을 이용하여 1분에 600발 정도를 쏠 수 있었다. 개발 즉시 미국, 영국, 프랑스, 러시아 등 여러 나라에서 널리 사용되었다. 현대 기관총의 조상이라고 불린다.

19세기 중반 무렵 유럽 여러 나라 황제들은 더 많은 식민지를 차지해 제국으로 발돋움하려고 치열하게 경쟁했다.

지 흔하게 일어나는 일이야. 그런데도 특히 이 시대를 '제국의 시대'라고 부르는 이유는 강대국들의 침략과 지배가 전 세계에서 어느 때보다 철저하게 이루어졌기 때문이야. 그 결과 지구의 4분의 3이 유럽 강대국과 미국의 식민지가 되었어. 이들 나라들끼리 서로 더 많은 영토를 차지하겠다고 전쟁을 벌이는 일도 잦아졌어. 그 때문에 곳곳에서 크고 작은 충돌과 전쟁이 끊이지 않았단다.

19세기에 유럽 나라들이 다른 지역을 침략해 식민지를 세울 때 앞세운 것은 맥심 기관총 같은 성능 좋은 무기와 그 무기를 이용한 대량 학살이었어. 17세기 무렵부터 유럽에서는 전쟁이 끊이지 않았던 탓에 총과 대포 같은 화약 무기가 나날이 발전했어. 크고 튼튼한 전함도 발전을 거듭해서 아시아의 강국이었던 오스만 제국, 무굴 제국, 청 제국도 쉽게 물리칠 수 있었지.

유럽 인들은 성능 좋은 무기를 가졌다는 것을 내세워 스스로를 '문명'이라 일컬었고, 그런 무기 제작 기술을 미처 갖추지 못한 다른 지역의 사람들을 '미개'하거나 '야만'이라고 낙인찍었단다.

유럽 문명의 우월성을 자신하다

19세기에 유럽 나라들이 세계 곳곳에 식민지를 만들면서 많은 유럽 인들이 식민지로 건너갔어. 처음에는 개척자와 선교사가 아시아, 아프리카, 오스트레일리아 등으로 건너가기 시작했고, 뒤이어 군인, 관료, 기업가, 노동자가 뒤를 이었어. 또 여행가들은 식민지에서 유럽 인이 보기에 진기한 전통과 문화, 자연 세계를 기록했지.

이처럼 식민지로 건너간 유럽 인들의 목적은 다양했어. 그런 가운데 한 가지 공통된 생각이 있었으니, 유럽 문명에 대한 자부심과 우월감이었지.

당시 유럽은 과학 혁명, 계몽주의, 프랑스 혁명과 같은 정치와 사회 개혁 등을 통해 문명을 상당히 발달시켰어. 유럽 인들은 유럽이 이룬 문명의 발달에 대해 큰 자부심을 가졌어. 이런 자부심은 다른 대륙에 사는 다른 전통과 문화를 가진 사람들을 만났을 때 인종적 우월감으로 바뀌었지.

당시 유럽 인들은 자신들과 외모가 다른 식민지 원주민들을 열등한 존재로, 가르쳐야 할 아이와 같은 존재로 보았단다. 그리고 성능 좋은 무기를 앞세워 힘으로 원주민들을 강제 노동에 동원하고 함부로 대했어. 이렇게 원주민에게 가혹한 행위를 하면서도 죄책감은커녕 우월한 인종이 열등한 인종을 지배하는 것은 당연하다고 합리화했어.

나와 다른 인종을 뒤떨어진 미개인이라고 생각하는 인종주의는 어느 시대에나 있어 왔지만, 19세기에는 특히 심했어. 왜냐하면 유럽 나라들이 다른 대륙의 나라들을 정복하고 지배하는 것이 마땅한 일이라고 둘러대는 데에 인종주의를 이용했기 때문이야.

유럽 인들은 학문적 이론을 끌어들여 인종주의가 당연한 것인 양 주장했어. 이들은 생물학을 이용해 인종을 나누고 여기에 등수를 매겼어. 그에 따르면 자신들 백인이

1등 인종이고, 아프리카와 아시아의 흑인과 황인종 같은 유색인은 크게 뒤떨어지는 인종이지. 그리고 백인은 이성적이고 합리적인 반면, 흑인과 황인종들은 감정이 앞서고 합리적인 생각을 하는 능력이 떨어져 문명을 발달시킬 수 없다고 주장했지.

그러니 부유하고 문명이 앞선 백인이 다른 대륙의 가난하고 문명이 뒤떨어진 유색인을 지배하고 가르치는 것은 당연하고 자연스러운 것이라고 주장했어. 이것은 과학이 아니야. 다른 사람을 지배하려고 만들어 낸 억지일 뿐이지.

그런데 이렇게 사람을 가르는 논리는 유럽 안에서도 적용되었어. 유럽 인들 가운데에도 능력이 뛰어난 종족과 뒤떨어지는 종족이 따로 있다는 논리였지. 저마다 자기네 종족이 뛰어나다고 주장했어. 영국인들은 앵글로-색슨 족이, 프랑스 인들은 골 족이, 독일인들은 아리아 인이 가장 능력이 뛰어나다고 주장했지. 또 비교적 잘살았던 북서부의 유럽 인들은 자기네보다 가난한 동부 유럽 인들이 열등하다고 주장했어.

이처럼 유럽 여러 종족들의 등수는 어느 나라에서 매기느냐에 따라 달라졌어. 하지만 꼴찌는 늘 정해져 있었어. 바로 유대 인들이었단다. 유대 인들은 자신들의 나라를 세우지 못한 탓에 유럽 여러 나라에 흩어져 살았어. 그런데 크리스트교를 널리 믿는 유럽 사람들은 유대 인이 예수를 괴롭혔고, 돈만 악착같이 모으는 구두쇠라는 등의 이유로 유대교를 믿는 유대 인을 오랫동안 괴롭혔어.

그랬는데 인종주의가 날뛰던 이 시대에는 정도가 더욱 심해졌지. 1890년대에 프랑스에서 드레퓌스라는 유대 인 장교가 죄 없이 간첩으로 몰린 사건이 있었어. 유대 인을 싫어하는 감정이 프랑스 사회에 널리 퍼져 있었기에 벌어진 사건이었어.

유럽의 인종주의는 19세기에 영국, 프랑스, 독일 등 유럽 여러 나라가 무기를 앞세워서, 혹은 과학과 기술을 자랑하며 다른 대륙의 나라들을 식민지로 삼으면서 심해졌어. 인종주의는 점차 유럽 내부를 가르고, 유럽 안의 힘없는 사람들을 못살게 구는 올가미가 되었단다.

놀라운 수정궁의 내부

어제 두 번째로 수정궁에 갔다. (…) 놀라운 곳이다. 크고, 색다르고, 이루 다 표현할 방법이 없다. 물건 하나하나가 대단하다기보다 모든 물건이 모아져 있는 그 특이한 방식이 대단하다. 기관차와 보일러가 가득 들어 있는 큰 방, 작동 중인 제분기가 들어 있는 방, 온갖 종류의 멋진 마차와 마구가 들어 있는 방, 진열창에 놓인 더없이 아름다운 금은 세공품, 매우 비싼 진짜 다이아몬드와 진주에 이르기까지, 인간의 노력으로 만든 모든 물건이 그곳에 있다. (…) 복도를 메운 사람들의 물결 또한 보이지 않는 어떤 힘에 눌리고 지배받는 것 같다. 그날 입장한 3만의 군중 가운데 누구 하나 큰소리 내는 것을 듣지 못했고, 이상한 동작 하나도 보지 못했다. 사람들은 말 그대로 살아 있는 파도처럼 조용히 움직였고, 거기서 들리는 나직한 웅얼거림은 멀리서 듣는 바다 소리와 같았다.

영국의 소설가 샬럿 브론테가 1851년 수정궁에서 열린 런던 대박람회를 보고 쓴 글이다. 19세기 중반 영국 정부는 자기 나라의 과학 기술과 산업 발달 수준을 널리 알리려고 세계에서 처음으로 대박람회를 열었다. 무려 600만 명이 넘는 사람이 대박람회에 몰려들었는데, 대박람회의 규모와 갖가지 전시품은 사람들에게 큰 놀라움을 안겨 주었다. 그림은 런던 대박람회가 열린 수정궁 내부를 그린 기록화이다.

메이지 시대의 분주한 일본 도쿄 거리.

19세기 초, 유럽 나라들이 총과 대포를 앞세워 아시아로 밀고 들어왔어. 그러자 전통과 역사에 대한 자부심이 강한 아시아 지식인들은 유럽 나라들과의 관계를 어떻게 해야 할지 고민이 많았지. 각국의 지식인들은 자기 나라의 위치, 문화와 전통에 따라 각기 다른 선택을 했단다.

근대화에 나선 아시아

청과 조선이 유럽 문물을 받아들이다

18세기 말까지 청은 유럽 나라들을 상대로 한 무역에서 수출이 수입보다 훨씬 많았어. 당시에는 은이 화폐 역할을 했어. 유럽 인들은 16세기 중반부터 아메리카에서 가져온 은을 중국의 명과 청에 팔아서 차, 비단, 도자기 등을 사 갔지. 200년 가까이 이러한 상황이 이어지다가, 영국이 청에 아편을 팔기 시작하면서 변화가 생겼어.

아편은 양귀비 열매에서 얻어 낸 일종의 마약인데, 영국은 인도에서 아편을 길러 청에 팔았지. 수입되는 아편의 양이 늘수록 청 경제의 활력소였던 은이 영국으로 점차 빠져나갔어. 1729년 청 황제가 아편 수입을 금지시켰지만, 영국의 동인도 회사는 지방 상인들을 통해 몰래 아편을 팔았어.

1820년대에 이르러서는 청에서 빠져나가는 은의 양이 들어오는 은의 양을 넘어섰지. 그러자 은값은 크게 뛰었고, 은으로 세금을 내야 하는 농민은 부담이 매우 커졌어. 청이 유럽과의 무역에서 손해를 보기 시작한 1820년대에 유럽 경제는 크게 성장했지. 청의 몰락과 유럽의 발전은 한쪽이 내려가면 다른 쪽이 올라가는 시소처럼 동시에 진행되었단다.

이 무렵 청의 관리가 영국 상인들의 아편 판매를 엄하게 단속한 일이 원인이 되어 청과 영국 사이에 아편 전쟁이 벌어졌어. 청 정부는 힘없이 밀렸고, 결국 굴욕적인 불평등 조약을 맺어야 했어. 이제 영국 상인들은 여러 항구에서 더 많은 아편을 팔 수 있게 되었어.

그 뒤로 청은 유럽 다른 나라들과도 불평등한 조약을 맺었단다. 청의 농민들은 정부에 대한 신뢰를 점차 잃어 갔어. 그리고 나라 곳곳에서 크고 작은 농민 반란이 이어졌어. 그중 가장 크게 폭발한 것이 태평천국 운동이야. 운동을 이끈 홍수취안은 1851년 태평천국의 개국을 선언하고 왕이 되었어. 태평천국 운동 세력은 군사력이 변변치 않았는데도 14년이나 버텼어. 농민 사이에서 청 정부에 대한 절망이 얼마나 깊었으며, 세상을 바꾸려는 마음이 얼마나 강했는지를 보여 준 사건이지.

태평천국 운동이 아래로부터 일어난 개혁을 향한 외침이었다면, 양무운동은 리훙장, 쩡궈판, 캉유웨이 등 고위 관료층이 위로부터 이끈 근대화 운동이었어.

1860년대부터 1894년 청일 전쟁까지 30년 넘게 최고의 권력을 누렸던 공친왕과

19세기 중반 청에서는 양무운동이, 조선에서는 개화 운동이 일어났다. 그 바탕에는 고유의 문화를 기본으로 하되 유럽의 과학과 기술을 받아들이자는 생각이 깔려 있었다. 하지만 두 나라 모두 반대 세력에 밀려 큰 성과를 거두지 못했다.

서태후가 이들을 도왔어. 이들 관료들은 영국을 비롯한 유럽 나라들과 싸워 계속 지자 문제의식을 느꼈고, 유럽 나라들에 맞서려면 군대를 키우고 기술을 발전시켜야 한다고 생각했어. 그래서 전함과 대포를 만드는 조선소와 병기 공장을 세우고, 미국과 유럽으로 유학생을 보내 기술을 배우게 하기도 했어.

그러나 미국과 유럽에서 기술과 지식을 배워 온 유학생들은 청 사회에 그다지 큰 역할을 하지는 못했단다. 여전히 과거 제도를 거쳐야만 높은 관리가 될 수 있었거든. 그러다 보니 유럽식 공장과 교육 기관을 세워도 나라의 힘을 키우는 데 별 소용이 없었어. 심지어 정부에서 어렵게 세운 공장을 지역의 힘센 사람들이 자기 재산으로 만들어 버리는 일도 있었어.

한편 조선도 19세기 중반까지 유럽 나라들이 교역을 요구해도 받아들이지 않았어. 그러면서 프랑스, 미국에 맞서 전쟁을 벌이기도 했지. 1866년에 일어난 병인양요와 1871년에 일어난 신미양요가 그것이야.

그러다가 1876년에 조선 정부는 일본과 외교 관계를 맺은 후 영국, 프랑스, 미국 등과 잇달아 외교 관계를 맺었어. 그리고 이들 나라의 문물과 학문을 받아들여 조선의 개혁과 근대화를 서둘렀단다.

그런데 개혁과 근대화의 방향과 속도를 두고 의견이 갈렸어. 나이 든 온건 개화파는 청을 따라 개혁과 근대화를 천천히 해야 한다고 주장했고, 젊은 급진 개화파는 일본을 따라 더 과감하고 빠르게 해야 한다고 맞섰지. 온건 개화파와 급진 개화파의 갈등은 시간이 갈수록 깊어졌어.

결국 1884년에 김옥균, 서재필 등 급진 개화파가 갑신정변을 일으켰어. 하지만 갑신정변은 불과 3일 만에 실패로 돌아가고 말았단다. 그 뒤 조선의 개혁과 근대화는 온건 개화파를 중심으로 더디게 진행되었지. 시간이 갈수록 조선은 일본에 더욱 뒤처지고 만단다.

일본이 근대화에 앞서가다

19세기 초, 일본을 다스리던 에도 막부는 아편 전쟁에서 청이 영국에 지는 것을 보고 큰 충격을 받았어. 이들은 유럽 나라들의 새로운 무기와 강한 군사력이 큰 변화를 가져올 것임을 알아차렸어. 그래서 에도 막부는 유럽 나라들이나 미국과 되도록 다투지 않으려 했어. 이길 가능성이 없었기 때문이지. 그리고 1853년 미국의 페리가 함대를 이끌고 와 항구를 열고 무역을 하자고 요구하자 순순히 받아들였단다.

그런데 그 뒤 일본의 경제는 엉망이 되고 말았어. 일본의 명주실과 차 등이 나라 밖으로 대량으로 팔려 나가면서 물가는 치솟았어. 게다가 미국과 유럽 나라들의 값싼 상품이 밀려들자, 많은 수공업자가 망해 거리에 나앉았지. 서민과 하급 무사들의 생활도 나날이 어려워졌단다.

이렇게 되자 에도 막부에 대한 불만의 목소리가 하루가 다르게 커졌어. 특히 하급 무사들을 중심으로 막부를 무너뜨려야 한다는 움직임이 활발하게 일어났단다. 결국 1868년, 에도 막부를 반대하는 젊은 하급 무사들이 왕을 받들어 서양 오랑캐를 몰아낸다는 '존왕양이'의 구호를 내걸고 쿠데타를 일으켰어. 그리고 막부의 우두머리인 쇼군을 몰아내고 메이지 왕을 앞세워 권력을 쥐었단다. 이를 '메이지 유신'이라고 해.

메이지 유신을 일으킨 세력은 처음에 유럽 나라들을 몰아낸다는 구호를 내걸었지

메이지 유신을 이끈 지도자들을 그린 그림이다. 일본의 하급 무사들은 에도 막부를 무너뜨리고 메이지 왕을 앞세워 새 정부를 만들었다. 그리고 유럽 문물을 받아들이는 데 적극적으로 나섰다. 덕분에 일본에는 전차, 전등 같은 근대 문물이 빠르게 퍼졌다.

만, 실제로는 철저하게 유럽의 문물과 학문을 따라 하는 모습을 보였어. 아직 유럽 나라에 맞서기에는 힘이 약하니 힘을 기를 때까지 열심히 유럽의 학문과 기술을 배워야 한다는 생각이었지.

메이지 정부의 관리들은 유럽 나라와 미국처럼 국민 국가를 만들어 나라를 하나로 만들어야 한다고 생각했어. 그래서 각 지방의 270여 명의 영주들을 모두 수도인 도쿄로 불러들이고, 중앙 정부가 지방에 관리를 보내 직접 다스렸단다.

1889년에는 메이지 헌법을 만들어 모든 일본인은 일본 왕 아래 있는 하나의 국민임을 강조했단다. 또 그동안 신분에 따라 정해졌던 옷, 머리 모양, 직업 등의 규제를 없앴어. 칼을 차고 다닐 수 있는 무사들의 권한도 없앴지. 겉으로 드러나는 신분 표시들은 거의 사라져 갔어. 스스로 일본인이라고 일컫는 일본인들, 즉 일본 국민이 만들어지는 중요한 한 걸음이었단다.

메이지 헌법의 가장 큰 특징은 주권이 국민이 아닌 왕에게 있다는 점이야. 메이지 정부는 근대화에 반대하는 어떤 대중 시위도 내버려두지 않았어. 그리고 왕은 법을 만들고, 군대를 지휘하고, 다른 나라와 조약을 맺을 권리, 의회를 열고 해산할 수 있는 권리 등 막강한 권한을 쥐었지. 일본 왕은 실제로 그런 권한을 쓰지는 않고, 주로 지켜보고 조정하는 역할만 했어. 그래도 일본 왕은 일본 국민을 하나로 묶는 상징으로 큰 역할을 했단다.

일본의 근대화 과정은 일본의 지배 계급이던 무사들이 위로부터 이끈 근대화였어. 그 중심에는 일본 왕에 대한 충성심이 자리하고 있었지. 따라서 국민 국가로 발돋움하는 과정에서 영국이나 프랑스처럼 왕에게 맞서는 세력이 생기지 않았어.

또 당시 일본에서는 개인의 권리보다 전체를 강조하는 분위기가 퍼졌어. 일본 군대는 제법 수준 높은 근대적 무기를 갖추고 훈련을 받았지만, 한편으로는 일본의 오랜 무사 전통에 따라 윗사람의 명령에 무조건 따르는 전통을 유지했어. 이런 점이 개인의 권리와 자유가 크게 늘어난 유럽의 근대화와는 다르다고 할 수 있지.

일본은 유럽 나라들의 제도와 기술력을 빠르게 배워 나가 동아시아의 군사 대국으로 성장했고, 곧 유럽 나라들처럼 식민지를 만드는 일에 나섰어. 1894년에는 청, 1905년에는 러시아 등 큰 나라들과 전쟁을 벌여 승리를 거두고, 1910년에는 조선을 식민지로 삼으면서 아시아 나라들 중에 최초로 제국주의 나라가 되었지.

인도에서 민족 운동이 시작되다

18세기 말부터 영국의 간섭과 약탈에 시달려 온 인도는 1857년 세포이 항쟁을 거치면서 본격적인 지배 아래 놓이게 되었어. 세포이는 동인도 회사가 돈을 주고 고용한 인도인 병사야. 대우가 좋았기 때문에 힘 있는 집안의 자식들이 많이 지원했지.

그런데도 세포이들이 들고일어난 것은 동인도 회사가 세포이들에게 새로 나누어 준 총의 탄약통에서 시작되었어. 탄약통 안에는 기름종이로 싼 탄약이 들어 있었지. 그 기름종이는 종이에 돼지나 소의 기름을 발라 만든 거였어. 영국 장교들은 세포이들에게 탄약통을 이로 물어뜯은 뒤, 탄약을 총에 넣으라고 훈련시켰지.

그러다 보면 기름종이가 입에 들어갈 수밖에 없어. 돼지를 불결하게 여기는 무슬림 병사나, 소를 신성하게 여기는 힌두교 병사 모두 이 훈련에 큰 거부감을 느꼈어. 새 탄약통은 순전히 인도인을 모욕하기 위한 것이라는 소문이 세포이들 사이에서 빠르게 번져 나갔단다. 이 소문에 세포이들의 분노가 폭발하였지.

세포이 항쟁은 곧 인도의 여러 곳으로 퍼졌고, 세포이만이 아니라 다양한 세력이 참여하는 저항 운

영국의 인도 식민 지배
1600년 동인도 회사 설립
1757년 플라시 전투
1767년 마이소르 전쟁
1775년 제1차 마라타 전쟁
1845년 시크 전쟁
1857년 세포이 항쟁

세포이 항쟁을 그린 기록화이다. 세포이 항쟁은 영국인들의 종교 무시 정책 때문에 일어나, 점차 영국의 식민 지배를 반대하는 인도인들의 전국적인 투쟁으로 발전했다.

동이 되었어. 이 항쟁이 대규모로 1년 이상 이어진 것은, 100년 넘게 인도의 자원을 빼앗아 가면서 인도인들을 야만인처럼 취급한 영국인을 향한 분노가 그만큼 컸기 때문이야. 세포이 항쟁은 1년 가까이 이어지다가 결국 1858년 영국 군대에 진압되었어.

세포이 항쟁의 편에 서서 무굴 제국을 되살리려던 바하두르 샤 2세는 이웃 나라로 쫓겨난 뒤, 그곳에서 숨졌어. 16세기 이후 인도에서 가장 큰 나라였던 무굴 제국은 이렇게 역사에서 사라졌지. 그러나 이때 보여 준 인도인들의 저항 정신은 인도인 사이에 전설로 전해지면서 독립에 대한 열망으로 자라난단다.

한편 세포이 항쟁 이후 영국 정부는 동인도 회사를 없앴어. 그리고 1877년 인도 제국을 선포해 영국의 빅토리아 여왕이 인도 제국의 황제를 겸했어. 그 뒤 인도에 영국식 행정 체계와 경찰, 군대, 법원 등의 기구와 제도가 더욱 빠르게 들어왔어. 특히 경제와 사회 생활의 기본이 되는 토지 소유권이 바뀌는 바람에 인도 인구의 대부분이었던 농민의 삶이 크게 변화했지.

이전에는 농민을 토지에서 쫓아내는 경우는 없었단다. 그러나 영국의 식민지가 된 뒤 지주가 토지에 대해 모든 권한을 갖게 되었고, 많은 농민이 토지에서 쫓겨나고 말았어. 쫓겨난 농민들은 가진 것 없는 빈민 신세가 되어 대지주와 대상인에게 의지해 일자리를 구해야 먹고살 수 있는 처지가 되었지.

곡물 재배는 줄어들고 차, 아편처럼 돈이 되는 작물을 기르는 대농장이 늘어 갔어. 영국 상인들이 필요로 했기 때문에 나타난 변화였지. 이에 따라 곡물 가격이 올랐고, 가난한 이들의 생활은 더욱 어려워졌어. 게다가 1860년대에서 1870년대 사이에 흉년이 계속되어 인도 곳곳에서 수많은 사람이 굶어 죽어 인구의 3분의 1 내지 4분의 1이 줄었단다.

한편 영국 식민지 정부는 근대적인 교육 제도를 들여와 인도 상류층의 자제들에게 영어로 유럽의 학문을 가르쳤어. 인도를 문명국으로 만들고 크리스트교를 더욱 널리 퍼뜨리겠다는 야심을 실천하기 위한 것이었지. 또한 인도라는 큰 나라를 다스리려면 식민 지배를 도와 줄 인도 출신의 지식인들이 필요했기 때문이었어.

19세기 말 인도에 와 있던 영국인은

19세기 말에 흉년이 몇 년 동안 이어지면서 많은 인도 사람이 굶주림에 시달렸다.

20만 명이 채 안 되었는데, 그중 약 7만 명이 군인이었어. 10만 명가량의 영국 관료가 2억 명에 이르는 인도인을 관리해야 했으니 인도인의 협조가 꼭 필요했던 거지.

이렇게 해서 근대 교육을 받게 된 지식인 무리들이 1885년에 인도 국민회의를 만들었어. 처음에 인도 국민회의는 교육받은 인도인들이 영국 식민지 정부 안에 더 많이 참여할 수 있도록 총독에게 부탁하는 일을 하는 등, 상류층 중심의 온건한 단체였지.

그러나 민족 의식이 높아지면서 인도 국민회의의 지식인들은 식민지 정부에 적대감을 품게 되었어. 그리고 인도의 독립을 목표로 하는 단체로 변해 갔단다. 인도 국민회의는 다양한 지역과 종교와 계층을 두루 아울렀으며 인도에서 가장 큰 기구가 되어 독립 운동을 이끌기 시작한단다.

19세기 말 인도 국민회의 참가자들이다. 인도 국민회의는 처음에 영국 식민지 정부의 자문 기관으로 만들어졌지만, 점차 영국의 식민 지배를 반대하는 단체로 바뀌었다.

서양 무기와 기술을 받아들이자

서양의 대포는 무거운 것이 수만 수천 근에 달하고 가벼운 것이라도 수백 수십 근에 달합니다. 수비든 공격이든 천하무적입니다. (…) 외국의 병사는 식량이 귀하고 인원수도 적기 때문에 많아야 1만 명입니다. 그런데 중국은 몇 배의 병력을 갖고 오랫동안 싸워도 이기지 못합니다. 이것은 총과 대포의 질이 형편없이 떨어지기 때문이라고 생각합니다. 만약 서양과 비슷한 무기를 갖춘다면, 태평천국을 억누르기 쉬워질 뿐만 아니라 외국과 싸우는 데에도 밀리지 않을 것입니다. 러시아와 일본도 예전에는 대포의 제조 방법을 몰라 나라가 날로 약해졌는데 (…) 점차 대포를 만들어 사용하면서 마침내 영국과 프랑스와도 겨룰 수 있게 된 것입니다. 중국도 힘껏 노력한다면 100년 후에는 뒤지지 않을 것입니다.

청의 양무운동을 이끈 리훙장이 쩡궈판에게 보낸 편지의 일부이다. 리훙장과 쩡궈판은 태평천국 운동을 억누르는 데 큰 공을 세운 뒤 양무운동을 이끌었다. 리훙장은 외국 무기의 우수성을 이야기하며 유럽 문물을 들여와야 한다고 주장했다. 하지만 양무운동은 군사 기술을 받아들이는 데만 치우쳐 청의 제도 개혁으로 이어지지 못했다. 결국 양무운동은 실패로 끝나고 청은 일본에게 밀리게 되었다.

오스만 제국의 근대화 노력을 상징하는 돌마바흐체 궁전.

19세기, 오스만 제국은 예전의 영광을 잃고 계속 기울어 가고 있었어. 그렇다고 해서 오스만 인들이 그냥 손 놓고 지켜보기만 했던 것은 아니란다. 제국의 영광을 되찾으려고 끊임없이 고민하고, 제국을 위협하는 적과 맞서 열심히 싸웠어. 19세기 오스만 제국이 어떤 상황에 있었는지, 위기를 극복하려고 어떤 노력을 했는지 알아볼까?

갈등하는 이슬람 세계

근대화 바람이 불다

19세기 초 오스만 제국은 안팎으로 심각한 도전에 시달렸어. 안으로는 오스만 제국의 영토 가운데 가장 풍요로운 이집트와, 그리스, 발칸 반도의 불가리아와 세르비아가 잇달아 독립 운동을 펼쳐 떨어져 나갔어.

밖으로는 영국과 러시아가 오스만 제국의 자원과 영토를 노리고 계속 위협했으며, 다른 유럽 국가들도 앞다투어 달려들었어. 특히 유럽 상인들은 오스만 제국과 불평등한 통상 조약을 맺은 뒤 제국 곳곳에서 자유롭게 무역 활동을 하며 경제적 이익을 어마어마하게 챙겼단다.

오스만 정부도 더는 보고만 있을 수 없었어. 뭔가 나라를 송두리째 바꿀 개혁이 필요하다는 것을 뼈저리게 느꼈지. 그래서 술탄과 유럽식 교육을 받은 관료들이 앞장서서 탄지마트 운동을 벌였단다.

탄지마트는 터키 어로 '개혁'을 뜻해. 유럽식 근대화를 이루기 위해 행정, 군사, 교육, 토지 등 각 분야에서 제도를 바꾸었어. 또 종교가 무엇이냐와 상관없이 제국 내의 모든 사람들이 똑같이 세금을 내고 군대에 갈 수 있도록 하는 법률도 만들어졌지.

위로부터 제도적 변화가 일어나는 가운데, 오스만 인들의 생각도 서서히 바뀌어 갔어. 오스만 제국을 찾는 유럽 인들이 늘고 유럽의 학문을 가르치는 학교들이 제국 곳곳에 세워지자 사람들의 생각에도 영향을 미친 거지.

오스만 사람들은 제국이 어려움을 이겨 내고 유럽 나라들의 침략을 물리치려면 이슬람 정신과 전통을 지키면서도 평등, 자유, 정의, 조국애와 같은 새로운 사상을 받아들여야 한다고 생각했어. 심지어 법이 정한 범위 안에서 술탄이 나라를 다스리는 입헌 군주제를 주장하는 사람도 있었어. 이러한 주장은 권력을 지키려는 술탄과 관료들을 두렵게 만들었지.

한편, 개혁을 추진하려면 전문가와 돈이 많이 필요해. 하지만 당시 오스만 정부는 돈을 마련할 힘이 없었단다. 게다가 유럽식 개혁이 이슬람교의 정신에 어긋난다며

19세기 중반 오스만 제국이 영국, 프랑스와 손잡고 러시아와 싸운 크림 전쟁 기록화이다. 프랑스와 영국군의 전함이 러시아 요새를 대포로 공격하고 있다.

못마땅하게 여긴 사람들이 정부의 개혁 정책에 반대했어. 결국 개혁 방향을 둘러싸고 갈등을 빚는 가운데 탄지마트는 힘을 잃었지.

그러는 가운데 발칸 반도에서는 슬라브 민족들이 독립을 요구하며 반란을 일으켰어. 오스만 정부가 군대를 보내 진압하자, 러시아가 같은 슬라브 족을 돕겠다며 군대를 보냈어. 러시아가 세력을 넓히는 것을 못마땅하게 여긴 영국과 프랑스가 나서 오스만 제국을 돕는 바람에 러시아의 뜻은 꺾이고 말았지.

그런데 문제는 이 일 때문에 오스만 제국이 영국과 프랑스의 간섭을 받게 되었다는 거야. 러시아도 오스만 제국을 침략할 기회를 노리며 오스만 정부를 계속 압박했고 말이야. 이렇게 유럽 강대국들의 침략이 분명해질수록, 유럽의 제도와 문물을 받아들여 나라를 강하게 만들겠다는 오스만 정부의 근대화 개혁은 더 큰 반대에 부딪혔단다.

유럽 강대국의 침략에 시달리다

오스만 제국 정부가 탄지마트 개혁을 성공시키지 못한 채 우왕좌왕하고 있을 무렵, 압둘하미드 2세가 개혁을 이끌던 관료들과 손잡고 술탄 자리에 올랐어.

당시 개혁을 이끌던 세력을 '청년 오스만 인들'이라고 부른단다. 이들은 탄지마트가 술탄이 권력을 독차지하는 낡은 정치 체제를 그대로 둔 채 군대나 법률만 개혁하려고 했기에 한계가 있었다고 생각했어. 그래서 좀 더 근본적인 개혁을 위해 입헌 군주제를 실시해야 한다고 주장했어.

압둘하미드 2세는 청년 오스만 인들의 의견을 받아들여 아시아에서 처음으로 헌법을 발표하고 의회를 만들었지. 이제 오스만 제국은 국민의 권리와 의무를 존중하고 헌법에 따라 나라를 다스리는 입헌 군주국이 되었어.

압둘하미드 2세는 본격적인 근대화 작업에 들어갔어. 제국을 연결하는 철도와 통신망을 만들고 공장을 세웠지. 근대적인 교육을 시키는 학교를 전국 곳곳에 세우고, 정부에서 일할 전문 관료와 군인도 길렀단다.

그런데 오스만 제국의 입헌 군주국 체제는 오래가지 못했어. 러시아가 다시 쳐들어왔거든. 수도인 이스탄불 바로 앞까지 러시아군이 밀려왔어. 압둘하미드 2세는 러시아와 전쟁을 한다는 구실을 내세워 헌법을 무효로 만들고 의회를 해산했단다. 이렇게 나라가 어려울 때는 강력한 술탄의 지도력이 필요하다고 주장하면서 말이야. 또 자신의 결정에 반대하는 사람들을 감시하고 나라 밖으로 내쫓고, 술탄을 비판하지 못하도록 언론을 억눌렀지.

하지만 이미 새로운 정치사상에 눈뜬 지식인들은 술탄이 억눌러도 물러서지 않았

오스만 제국의 압둘하미드 2세가 의회 개최를 선언하는 모습을 그린 기록화이다. 압둘하미드 2세는 오스만 제국의 개혁을 약속하고 술탄이 되었지만, 곧 그 약속을 어겼다.

어. 도리어 나라 안팎에서 새
로운 사상을 주장하고 책과 신
문 등으로 술탄의 독재와 잘못
을 비판하는 활동을 더욱 활발
하게 벌였어. 이들의 주장과
활동은 압둘하미드 2세가 적극
적으로 건설했던 철도와 통신
망을 통해 제국 곳곳에 빠르게

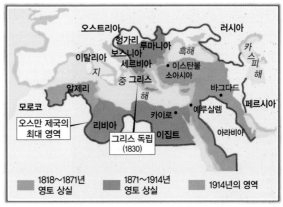

19세기~20세기 초 오스만 제국의 지도이다. 여러 민족이 독립하고
유럽 나라들의 침략을 받아 오스만 제국의 영토가 크게 줄었다.

퍼져 나갔지. 그 때문에 시간이 갈수록 술탄의 독재 정치에 불만을 품는 사람들이 늘
어만 갔어.

그런가 하면 압둘하미드 2세 때는 오스만 제국이 다스리던 여러 지역에서 독립 움
직임이 더욱 활발해졌어. 그러자 압둘하미드 2세는 독립 움직임을 누그러뜨리기 위
해 나섰어.

압둘하미드 2세는 유럽 나라들이 여러 민족들을 독립하라고 부추겨 오스만 제국의
힘을 꺾으려 하고 있다고 주장했어. 그러니 모든 무슬림이 하나로 힘을 모아 제국주
의 강대국들의 침략에 맞서는 게 급하다고 호소했지. 하지만 압둘하미드 2세의 호소
는 큰 관심을 끌지 못했단다.

이처럼 오스만 제국이 안팎의 문제로 어려움을 겪고 있을 때, 오스만 제국의 동쪽
에 있던 카자르 제국도 비슷한 어려움을 겪고 있었어. 카자르 제국은 18세기 말부터
이란 지역을 다스리며 한때 번영을 누렸어. 하지만 19세기에 이르러서는 유럽 여러
강대국의 간섭과 침략에 끊임없이 시달리느라 힘이 크게 약해졌지.

카자르 정부도 유럽 나라들의 간섭을 물리치고 백성들의 삶을 끌어올리려면 근대
화 정책이 필요하다고 생각했어. 그래서 여러 차례 근대화 정책을 추진했지만, 번번

19세기 초 카자르 제국을 다스린 나세르 알 딘의 초상화이다. 카자르 제국은 19세기 초부터 유럽 나라들의 시달림을 받았다.

이 실패하고 말았지.

그러는 동안 유럽 나라들은 불평등한 조약을 맺어 카자르 경제의 큰 몫을 차지하는 직물과 설탕 산업에 큰 타격을 주고, 이 지역을 아편과 면화 등의 원료 공급지로 바꾸어 버렸어. 게다가 카자르 정부는 나라 살림이 어려워지자 철도 건설권이나 석유 채굴권처럼 수익이 어마어마한 사업을 유럽 회사들에 헐값에 넘겨 버렸어. 카자르의 경제는 유럽 자본가들의 손아귀에 들어가고 말았어. 그 결과 카자르 제국 사람들의 삶은 갈수록 어려워졌고, 유럽 나라들에 대한 불만은 높아만 갔지.

그러던 중 19세기 말 카자르 정부는 영국 회사에 담배를 독점해서 생산하고 팔 수 있는 권리마저 넘겼어. 카자르 사람들도 더는 참을 수 없었어. 전국 곳곳에서 영국 회사의 담배를 사지 말자는 운동이 일어났고 결국 카자르 정부는 없었던 일로 하기로 했단다. 그 뒤 카자르 제국은 더욱 기울어 식민지와 다름없는 신세가 되었지.

이슬람 세계가 나뉘다

이슬람 세계의 두 강대국인 오스만 제국과 카자르 제국이 유럽 나라들의 침략으로 어려움을 겪자, 서아시아 무슬림들은 큰 충격에 휩싸였어. '왜 이슬람 세계가 크리스트교 세계의 공격에 시달리며 이처럼 약해졌을까?'라는 근본적 의문을 품게 된 거지.

사람들은 이렇게 생각했어. 알라의 뜻을 제대로 이해하고 따르지 않았기 때문이라고. 알라의 참뜻을 이해하고 이슬람의 원래 모습으로 돌아가면 모든 것이 해결될 것이라고. 그래서 유럽 나라들의 침략에 맞서 이슬람교 본래의 모습을 되찾자는 운동이 서아시아 곳곳에서 일어나기 시작했어.

이런 운동이 이때 처음 일어난 것은 아니야. 이미 18세기 말에 지금의 사우디아라비아 땅에서 와하브라는 사람이 이슬람 부흥 운동을 시작했지. 와하브는 『쿠란』에 기록된 알라의 말씀을 글자 그대로 충실히 따라야 하며, 이슬람 교리에 맞지 않는 술,

> **와하브**
> 이슬람 문명의 주요 성지를 돌아다니면서 18세기 이슬람 사회의 문제를 직접 경험한 뒤, 1745년부터 아라비아를 중심으로 와하브 운동을 펼쳤다. 그리고 사우드 가문과 손을 잡고 이슬람 교리를 철저하게 따르는 와하브 왕국을 세웠다.

이슬람교의 근본적인 정신과 전통으로 돌아가자는 와하브 운동은 아라비아의 메카를 중심으로 널리 퍼져 나갔다.

담배, 도박, 춤이나 화려한 치장을 철저하게 금지해야 한다고 주장했어. 이러한 정신이 19세기 이슬람 부흥 운동의 바탕이 되었어.

하지만 모든 무슬림들이 이런 생각에 동의했던 것은 아니란다. 유럽 나라들의 놀라운 발전상을 목격한 무슬림들은 강력한 근대 국가를 만들려면 유럽 문물을 받아들여야 한다고 생각했어. 그러면서 그들은 이슬람 세계의 전통을 지키면서도 유럽식 문물을 수용할 수 있는 방법을 고민했지.

이런 주장을 편 대표적인 사람이 알 아프가니야. 그는 유럽 과학 문명이 뛰어나다는 것을 인정하면서, 이슬람 세계가 강해지려면 유럽 문물을 받아들여야 한다고 주장했어. 이집트의 총독이었던 무함마드 알리 역시 유럽식으로 근대화를 해서 강한 이슬람 국가를 만들려고 했어. 오스만 제국의 술탄 압둘하미드 2세와 알 아프가니가 주장한 범이슬람주의는 이슬람 세계가 유럽 제국주의에 맞서 저항하도록 힘을 모으게 했어.

한편 이런 생각들은 아랍 민족이 오스만 제국으로부터 독립하는 발판이 되었단다. 왜냐하면 서아시아 각 지역의 민족 지도자들이 민족의식을 강조하며 민족 국가를 만드는 데 앞장서게 되었거든. "우리는 무슬림이기에 앞서 아랍 사람이며, 무함마드는 예언자이기에 앞서 아랍 사람이다."라고 외치면서 말이야.

19세기 말 이슬람 세계에 널리 퍼졌던 민족 운동은 지역에 따라 그 목표와 방법이 다 달랐단다. 오스만 제국과 카자르 지역에서는 유럽 강대국들의 침략에서 나라의 독립을 지키려는 민족 운동이 일어났지.

반면 오스만 제국의 지배를 받던 서아시아와 북아프리카에서는 독립 국가를 세우려는 민족 운동이 일어났어. '종교와 조국을 구분하는 것은 중요한 일'이라고 생각한 아랍 민족주의자들은 민족의식을 키우려고 많이 노력했지. 이로써 이슬람 세계는 알라를 믿되 자신들만의 역사와 전통을 지닌 여러 국가들로 갈라지기 시작했단다.

위력적인 유럽의 과학

유럽 인들은 세상 모든 곳에 손을 뻗치고 있다. 영국인은 아프가니스탄을, 프랑스는 튀니지와 알제리를 차지했다. 그런데 이러한 침략과 정복은 모든 면에서 앞서 있는 유럽 인들의 과학이 한 것이다. 과학은 아시아에서 유럽으로, 때로는 유럽에서 아시아로 전해졌다. 모든 부와 재물은 과학의 결과다. 이슬람교는 과학과 지식에 가장 가까운 종교이고, 과학과 이슬람 믿음 사이에는 어긋나는 점이 아무것도 없다.

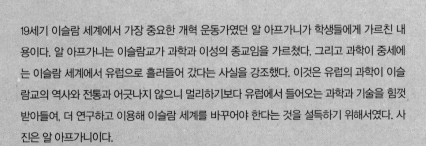

19세기 이슬람 세계에서 가장 중요한 개혁 운동가였던 알 아프가니가 학생들에게 가르친 내용이다. 알 아프가니는 이슬람교가 과학과 이성의 종교임을 가르쳤다. 그리고 과학이 중세에는 이슬람 세계에서 유럽으로 흘러들어 갔다는 사실을 강조했다. 이것은 유럽의 과학이 이슬람교의 역사와 전통과 어긋나지 않으니 멀리하기보다 유럽에서 들어오는 과학과 기술을 힘껏 받아들여, 더 연구하고 이용해 이슬람 세계를 바꾸어야 한다는 것을 설득하기 위해서였다. 사진은 알 아프가니이다.

기회의 땅 미국을 상징하는 자유의 여신상.

미국은 19세기에 남북이 갈라져 내전을 벌이는 등 큰 어려움을 겪었지만 발전을 거듭하며 강대국이 되었어. 반면 미국과 비슷한 시기에 독립한 멕시코, 페루, 볼리비아 등 중앙아메리카와 남아메리카 여러 나라는 정치가 안정을 찾지 못하고 사회 불평등이 심각하여 혼란이 이어졌단다. 19세기 아메리카의 엇갈린 모습을 살펴보자꾸나.

두 개의 아메리카

남북 전쟁이 일어나다

미국은 영국으로부터 독립한 뒤 발전을 거듭했어. 제퍼슨과 앤드루 잭슨 대통령을 거치며 민주주의가 더욱 깊게 뿌리를 내렸지. 이와 함께 경제 발전도 빠르게 이루어졌어. 독립한 이후에 미국은 영국과 사이가 좋지 않아서 영국에서 상품을 수입하기 어려웠지. 결국 미국은 공장을 지어 필요한 상품을 직접 만들어야 했고, 그 덕분에 상공업이 빠르게 발전했지.

그런가 하면 미국은 영토를 크게 넓혀 나갔어. 프랑스, 에스파냐, 멕시코와 싸워서 땅을 차지하거나, 돈을 주고 땅을 사기도 했어. 19세기 중반까지 플로리다, 텍사스, 오리건, 캘리포니아, 뉴멕시코, 알래스카가 새로 미국의 영토가 되었어. 새로 미국 영토가 된 땅에는 운하와 철도가 건설되어 하나로 이어졌고, 많은 사람과 상품이 서로 오갔단다.

이처럼 미국의 영토가 넓어지고 산업이 발전하는 가운데 미국의 인구는 나날이 늘어났단다. 유럽 여러 나라에서 수백만 명이 성공의 기회를 찾아 미국으로 몰려들었기 때문이야.

이처럼 19세기 초, 미국이 발전을 거듭하는 동안 한편에서는 분열의 씨앗이 커지

미국의 16대 대통령인 링컨이다. 링컨은 남북 전쟁에서 북군을 승리로 이끌고, 노예 해방을 선언했다.

고 있었어. 남부와 북부가 노예제를 둘러싸고 갈등을 빚기 시작한 거야. 당시 남부에는 약 400만 명의 아프리카 출신들이 노예로 일하고 있었어. 노예제가 금지된 북부에서는 노예제는 부끄러운 일이라며 남부를 비난했지. 노예제가 서부로 확대되어서는 안 된다는 주장이 계속 언론과 정치인들 사이에서 나왔단다.

남부는 자신들의 노예제가 '특이한 제도'이기는 하지만, 아프리카 출신들은 노예제 아래서 가장 행복하다는 주장을 펼쳤어. 이들은 아프리카계 사람들은 능력이 없기 때문에 자유롭게 살게 내버려 두면 삶이 비참해질 것이라고 했어. 노예제 아래에서 우수한 백인의 보호를 받으며 사는 것이 노예 자신도 행복하고, 미국 사회에도 득이 되는 일이라고 주장했단다.

이 무렵 노예제 반대론자로 유명한 정치인 에이브러햄 링컨이 대통령에 당선되었어. 남부의 농장 주인들은 위기를 느꼈어. 남부의 정치인들은 노예 제도가 없어질지도 모르겠다고 생각하고는 미국 연방에서 탈퇴하겠다고 선언했단다. 그러나 링컨은 연방을 유지하는 것이 대통령의 기본 임무라고 여겼기 때문에 이를 용납하지 않았지. 마침내 남북 전쟁이 일어났어.

싸움은 남부 지역에서 벌어졌고, 유능한 지휘관을 둔 남부군이 모든 면에서 유리해 보였어. 그러나 전쟁이 길어질수록 전쟁 분위기는 바뀌었어. 생산력과 운송 체계가 뛰어났던 북부가 점차 유리해지더니, 마침내 1865년 북부의 승리로 끝났지.

전쟁으로 북부의 산업과 철도는 더욱 발전했고, 남부의 농장과 토지는 쓸모없게 되었어. 남부는 북부의 간섭을 두려워하여 전쟁까지 치르며 연방을 탈퇴하려고 했지만, 결국 북부와 연방 정부의 더 큰 영향력 아래 놓이게 되었단다.

남북 전쟁은 무엇보다 아프리카계 노예들에게 해방을 가져다주었어. 전쟁 초기에 링컨은 전쟁을 확대시키지 않기 위해, 이 전쟁이 노예제 때문이 아니라 연방 탈퇴 때문에 일어난 것임을 강조했단다. 물론 링컨의 말대로 전쟁의 직접적 원인은 남부의

남북 전쟁의 전개 과정을 그린 지도이다. 북부는 처음에는 불리했지만, 셔먼 장군의 지휘에 힘입어 승리했다.

● 북부 연합의 승리
● 남부 연합의 승리
── 남부 연합 주들의 북쪽 경계
- - 1861년 남부 연합 세력의 북방 최대 한계선
──▶ 1864~1866년 북군의 진출 방향

남북 전쟁 때 와그너 요새 전투를 그린 기록화이다. 1863년 7월 18일 자유 흑인들과 도망 노예들로 이루어진 부대가 큰 활약을 펼쳤지만, 공격은 실패로 돌아갔다.

연방 탈퇴였지만, 더 크게 보면 노예제를 둘러싼 분쟁에서 비롯한 것이었어.

특히 흑인들은 남북 전쟁을 명확하게 노예 해방 전쟁으로 이해하고 있었어. 남부 노예들은 전쟁 중 기회가 있을 때마다 북부군 진영으로 도망했고, 함께 남부에 맞서 열심히 싸운 끝에, 마침내 자유인이 되었단다.

남북 전쟁이 끝나고 4년이 흐른 1869년에 북아메리카 대륙을 가로지르는 철도가 완성되었어. 그 뒤로 더 많은 사람들이 미국의 서부로 이주했단다. 아메리카 원주민들은 원래 동부 해안 지역에 살다가 서부로 쫓겨났었어. 그런데 백인들이 서부에도 많이 몰려들자, 이제는 원주민 보호 구역 안에서만 살게 되었지. 원주민들은 1920년 대에 이르러서야 미국 시민권을 얻었단다.

아메리카 원주민들이 살던 곳에서 쫓겨나는 모습을 그린 기록화이다. 미국 정부는 19세기에 서부 개척을 밀어붙이며 그곳에 살던 원주민들을 더 살기 어려운 사막과 같은 곳으로 강제로 이주시켰다. 그리고 그 지역을 보호 구역이라고 부르며 다른 미국인 사회로부터 격리, 고립시켰다.

미국이 제국주의 나라가 되다

19세기 말이 되자 미국은 북아메리카 대륙에서는 더 이상 땅을 넓힐 곳이 없었어. 미국이 계속 커져야 한다고 믿는 이들은 태평양 너머로 눈길을 돌렸단다. 그리고 해군을 열심히 훈련시켜 1890년대 말에는 세계 5위, 1900년에는 세계 3위의 해군력을 갖춘 국가로 성장했단다.

미국은 우선 1898년에 하와이를 차지하고, 독일과 같이 사모아도 손에 넣었어. 태평양의 섬들에 손을 뻗친 이유는 멀리 아시아까지 나아가기 위해서였어. 당시 기술력으로는 배가 미국을 출발해 아시아까지 닿으려면 태평양 중간에 있는 섬에 들러 연료를 채워 넣어야 했기 때문이지.

미국이 제국주의 경쟁에 본격적으로 뛰어든 것은 1898년 에스파냐와 전쟁을 하면서였어. 쿠바 인들이 에스파냐로부터 독립하려고 전쟁을 시작했는데, 여기에 미국이 끼어든 거야. 미국은 쿠바의 독립을 지지한다는 명분으로 참전했어.

그러나 미국이 노린 것은 에스파냐의 주요 식민지를 빼앗는 것이었지. 미국은 전쟁에서 승리를 거둔 뒤, 푸에르토리코와 필리핀, 그리고 태평양의 섬 괌을 차지했어. 이 전쟁을 계기로 미국은 여러 식민지를 거느린 제국주의 국가가 되었단다.

> **쿠바**
>
> 중앙아메리카 카리브 해 서부 서인도 제도에 있는 섬이다. 1492년 콜럼버스가 제1차 항해 때 쿠바 섬을 발견했다. 그 뒤 1514년 에스파냐가 식민지로 만들었다. 1868년부터 1878년까지 이어진 10년 전쟁, 1895년의 제2차 독립 전쟁, 1898년 미국과 에스파냐 전쟁을 거쳐 독립했다. 하지만 한동안 미국이 다스리다가 1902년에야 완전한 독립을 이루었다.

그런데 미국이 필리핀을 식민지로 삼는 과정에서 필리핀 인들이 강하게 저항했어. 미국 정부는 필리핀 인들의 저항을 억누르기 위해 다시 4년 동안 전쟁을 치러야 했어. 미국 병사 약 4,300명, 필리핀 인 5만 명 이상이 숨진 치열한 전쟁이었단다.

미국은 제국주의 경쟁에 참여하면서 미국 상품을 파는 시장을 넓히는 데에 관심을 기울였어. 푸에르토리코와 쿠바는 미국이 남아메리카로 나아가는 입구가 되었고, 하와이, 괌, 필리핀은 청과 일본으로 상품을 실어 나르는 길목이었기 때문에 모두 미국에게 중요한 지역이었단다.

1899년 미국의 국무장관 존 헤이는 '문호 개방 정책'을 선언했어. 청에 큰 영향력을 행사하던 유럽 강대국들에게 미국 상품도 청에 팔 수 있도록 시장을 열어 달라고 요구한 거야. 이렇게 미국 정부는 청의 시장에는 들어가려 하면서도 청의 노동자가 미국에 들어오는 것은 막았단다.

미국의 상업적 욕심은 곧 군사 행동으로 이어졌지. 1900년 베이징에서 의화단이 들고 일어나 크리스트교인들을 살해하고 외교관을 위협하는 일이 벌어지자 미국은 군인 3,000명을 보냈어. 국제 사회에서 목소리를 높이고 미국 상품을 팔 수 있는 시장을 얻으려면 군사력을 보여 주는 것이 필요하다고 생각했던 거지.

중남미가 독재와 혼란에 시달리다

19세기 초, 중앙아메리카의 멕시코, 아이티, 남아메리카의 페루, 볼리비아, 아르헨티나, 브라질 등 여러 나라가 잇달아 에스파냐와 포르투갈의 오랜 식민 지배에서 벗어나 독립을 이루었어.

그런데 이 나라들은 독립은 했지만 그 뒤로 오랫동안 독재에 시달렸고, 경제적으로도 아주 힘들었단다. 오죽했으면 남아메리카 독립 전쟁을 이끈 볼리바르가 "혁명가는 바다에서 쟁기질을 한다."라고 말했을까. 독립이 쓸모없이 느껴질 정도로 상황이 안 좋았다는 뜻이지.

왜 그랬을까? 크게 보면 온 국민이 힘을 모아 제대로 된 변화를 만들지 못했기 때문이야. 멕시코, 페루, 볼리비아 등은 독립을 이룬 뒤에도 여전히 에스파냐가 만든 낡은 식민지 제도와 인종 차별이 깊게 뿌리를 내리고 있어 국민들의 힘을 모으는 데 걸림돌이 되었지.

남아메리카의 대부분 나라에서는 독립 전쟁을 하는 동안 힘을 키운 카우디요라는 군인 정치가들이 권력을 차지했어. 카우디요는 대개 자기 군대를 거느리며 한 지역을 지배하고 있었는데, 이들이 대부분 대통령이 되어 힘으로 국민들을 다스렸단다. 그러면서 대통령 임기가 끝나면 그 자리를 자기 아들이나 부하에게 물려주고 나라를 자기 마음대로 주물렀지.

그리고 독립을 이룬 뒤에도 경제를 지배하는 힘이 에스파냐에서 영국으로, 다시 미국으로 넘어갔을 뿐 식민지와 다름없는 상태가 계속되었어. 물론 방식은 바뀌었지. 이제는 무역을 통해서 강대국들에 얽매인 거야. 칠레의 구리와 밀, 아르헨티나의 밀과 쇠고기, 브라질의 커피, 쿠바의 사탕수수, 베네수엘라의 카카오 등이 엄청나게 많이 세계 시장에 수출되었단다.

광물 자원과 농산물의 수출이 늘어나서 남아메리카의 여러 나라들은 경제가 나아지긴 했어. 하지만 이렇게 번 돈은 상류층에게만 돌아갔고, 국내 경제 발전을 위해 쓰이지 않았어. 그러니 이름만 독립이었지, 경제적으로는 여전히 식민지나 다름없었어.

한편 인종이 다양하다는 점도 이

19세기 말 브라질의 산토스 항이다. 산토스는 브라질의 대표적인 커피 수출항이다.

들 나라가 발전하는 데 걸림돌이 되었지. 인디오라 불리는 아메리카 원주민들은 따돌림당하고 있었고, 크리오요, 메스티소, 물라토, 삼보 등 인종이 다양해 국민적 통일성을 이루지도 못했어. 한마디로 여러 조각으로 갈라진 사회였어.

중앙아메리카와 남아메리카의 백인 지배자들은 원주민과 혼혈인들을 발전의 장애물로 여겼어. 이들은 인구 중 유럽계가 많을수록 사회가 발전할 것이라고 생각하여 적극적으로 유럽에서 오는 이민자들을 받아들였지.

19세기 중앙아메리카와 남아메리카 지배층의 관심은 유럽을 향해 있었단다. 아르헨티나와 브라질 등의 대도시에는 파리의 건축과 거리를 본뜬 건물들이 들어섰고, 극장에서는 유럽 가수들의 순회공연이 이어졌어.

그러나 이들 지역에서 혼혈인과 원주민들의 숫자는 상당히 많았어. 1830년대에 혼혈인이 25퍼센트를 넘었고, 원주민은 이보다 많아서 지역에 따라 다르기는 했지만 거의 30~40퍼센트에 달했어.

혼혈인과 원주민 인구를 합치면 절반이 훨씬 넘는 것이 보통이었지. 미국에서처럼 원주민을 외딴 곳에 있는 보호 구역에만 가두어 둘 수는 없는 규모였단다. 결국 중앙아메리카와 남아메리카는 인디오 문화와 유럽 문화가 합쳐지면서 독특한 문화적 특성을 가진 사회로 발전했단다.

국민의, 국민에 의한, 국민을 위한 정부

지금부터 87년 전 우리 조상은 자유를 가슴에 품고, 모든 사람은 평등하게 태어났다는 원칙에 충실한 새 나라를 세웠습니다. 지금 우리는 이 나라가, 또 이와 같은 원칙에 몸을 바친 모든 이들의 나라가 과연 영원히 계속될 수 있을지를 실험하는 중요한 내전을 치르고 있습니다. (…) 우리는 우리 앞에 남아 있는 큰 사업에 몸을 바쳐야 합니다. 그것은 전쟁터에서 명예롭게 생명을 바친 사람들이 마지막까지 온 힘을 다하여 지키려던 원칙을 우리가 반드시 지켜야 한다는 것, 이들의 죽음을 헛되게 하지 않으리라고 굳게 맹세하는 것, 이 나라를 하느님의 뜻에 따라 자유의 나라로 새롭게 탄생시키는 것, 그리고 그것은 국민의, 국민에 의한, 국민을 위한 정부가 이 지구상에서 사라지지 않게 하는 것입니다.

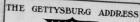

미국의 링컨 대통령이 남북 전쟁이 벌어지고 있던 1863년 11월 게티즈버그 국립묘지 봉헌식에서 한 연설의 일부이다. 링컨은 이 연설에서 미국의 건국 정신을 되새기고, 국민이 주인이 되어 만들어 나갈 미국의 민주주의에 대해 이야기했다. 링컨은 민주 정치를 '국민의, 국민에 의한, 국민을 위한 정치'라고 정의했는데, 이것은 지금까지도 민주주의를 가장 잘 표현한 말로 사용되고 있다. 사진은 게티즈버그 연설문 인쇄물이다.

이집트 카이로에 있는 무함마드 알리 모스크.

유럽 인들은 아프리카를 '어둠의 땅'이라고 불렀어. 그러나 아프리카는 세계 어느 대륙보다 태양이 밝고 뜨겁게 빛나는 곳이야. 나무와 풀이 우거지고, 화려한 색깔을 띤 꽃과 곤충이 널려 있으며, 원색의 옷을 세련되게 입을 줄 아는 사람들이 사는 곳이란다. '어둠의 땅'은 아프리카를 바라보는 유럽 인의 마음이 표현된 말은 아니었을까? 19세기 아프리카와 유럽의 갈등을 알아보자.

식민 지배와 약탈에 신음하는 아프리카

북아프리카가 오스만 제국의 지배에서 벗어나다

19세기에 북아프리카에는 모로코, 이집트, 튀니지와 알제리 등이 있었어. 그 가운데 모로코를 뺀 나머지 국가들은 16세기부터 오스만 제국의 지배를 받았단다.

그런데 19세기에 들어 오스만 제국이 힘이 약해지자 여러 민족이 반란을 일으켰고, 유럽 나라들은 오스만 제국의 영토를 빼앗아 갔어. 북아프리카에서도 상황은 마찬가지였단다.

북아프리카에서 오스만 제국이 약해졌다는 것을 알린 첫 신호는 1798년 나폴레옹의 프랑스군이 이집트를 침략한 일이었어. 나폴레옹은 이집트를 차지해 홍해와 지중해를 연결하는 무역로를 독차지하려는 욕심을 갖고 있었지.

프랑스 군대는 이집트의 항구 도시인 알렉산드리아에 내리자마자 순식간에 카이로까지 밀고 들어갔어. 그리고 3년 동안 이집트를 다스리다가 오스만 제국과 영국 연합군에게 밀려났지.

그런데 프랑스의 지배를 받는 동안 이집트 인들은 프랑스의 강력한 군대와 새로운 기술을 보고 큰 충격을 받았어. 이집트 인들은 무능한 오스만 제국의 지배에서 벗어나 유럽 문물을 받아들여 이집트를 개혁해야 한다고 생각하게 되었지.

이 당시 오스만 제국의 이집트 총독은 무함마드 알리였어. 그는 총독으로 일하면서 이집트를 강하게 키우는 일에 적극적으로 나섰어. 우선 오스만 제국으로부터 독립을 선언하고 군대, 교육, 산업 분야 등에서 대대적으로 개혁을 시작했어.

알리는 농민들을 모집해 새롭게 군대를 만들었어. 군인들을 유럽식으로 훈련시키고, 무기를 만들 공장도 세웠어. 그는 백성들의 교육에도 관심을 기울였단다. 초등학교와 기술 학교를 세우고, 유럽식 교육을 시켰지. 학생들을 뽑아 유럽에 유학을 보내기도 했어.

말 탄 무함마드 알리의 초상화이다. 무함마드 알리는 오스만 제국의 이집트 총독으로 있다가 독립을 선언하고, 이집트의 근대화를 위해 많은 노력을 기울였다.

하지만 이러한 노력은 큰 성과를 거둘 수 없었어. 유럽 자본가들이 자기네 나라 정부를 움직여 이집트 시장을 열도록 했거든. 그 결과 이집트의 각종 산업은 유럽 상품과 경쟁하다 밀려 점점 기울고, 유럽의 자본과 상품들이 이집트 시장에 넘쳐 나게 되었어.

한편 프랑스 정부는 1830년에 오스만 제국이 다스리던 알제리를 침략했어. 당시 알제리에 있던 오스만 제국 군대는 러시아와 영국이 오스만 제국을 계속 노리던 참이라 별 저항 없이 물러났어. 그 뒤 알제리는 프랑스의 식민지가 되었지. 알제리의 이슬람 종교 지도자들이 프랑스 군대에 강력히 맞섰지만, 프랑스의 힘을 당해 내지는 못했단다.

알제리와 이웃한 튀니지의 지도자는 아메드 베이였어. 그는 알제리가 프랑스에 침략당하는 것을 지켜보면서 튀니지를 근대화하여 외국의 침략에서 나라를 지켜야겠다고 생각했어. 특히 알리가 개혁을 실시한 뒤로 이집트가 점차 강해지자, 근대화 개혁이 필요하다는 것을 깊이 느꼈단다.

베이는 새로운 군대를 만들고 군수품 공장과 군사 학교를 세우는 등의 개혁을 추진했지만, 개혁에 필요한 자금이 항상 모자랐어. 세금을 올려 받기도 하고 외국에서 돈을 빌리기도 했지만 자금을 충분히 마련할 수가 없었어. 결국 베이의 개혁은 튀니지를 강하게 만드는 데 실패했고, 튀니지는 1881년에 프랑스의 침략을 받아 보호령이 되고 말았단다.

사하라 남쪽 아프리카가 유럽 나라들에게 시달리다

북아프리카의 여러 지역처럼 사하라 남쪽 서아프리카도 19세기에 유럽 나라들의 침략에 시달리기 시작했어. 서아프리카 지역은 1500년대부터 1800년대까지 노예 무역이 가장 번성했던 지역이었어. 이 지역의 베닌, 아샨티, 다호메이 왕들은 유럽 인들에게 아프리카 인들을 노예로 팔고 대신 무기를 사들여 땅을 넓히고 번영을 누렸어.

그런데 18세기 말부터 유럽 나라들이 군대를 앞세워 이들 나라를 침략하기 시작했어. 이번엔 노예 대신 아프리카의 풍부한 자원에 눈독을 들인 거야.

아프리카 사람들은 유럽 나라들의 침략에 맞서 용감하게 싸웠어. 하지만 총과 대포로 무장한 유럽 군대에 하나둘 무릎을 꿇고 말았어. 결국 서아프리

아샨티

17세기 말에서 20세기 초까지 서아프리카 가나의 삼림 지대를 지배한 나라이다. 17세기 말 오세이 투투 때 주변의 여러 나라를 정복해 강국으로 키웠다. 그 뒤 노예와 황금 무역으로 번영을 누렸다. 19세기에 들어 영국 등 유럽 나라들과 충돌이 잦아졌고, 1874년에 영국의 식민지가 되었다.

카 해안에 있던 대부분의 나라가 유럽 나라들의 식민지가 되고 말았단다.

한편 남아프리카의 동쪽 지역을 차지하고 있던 줄루 제국도 처지가 비슷했어. 19세기 초, 샤카 왕이 세운 줄루 제국은 남아프리카에서 가장 강한 나라였어. 이 무렵 영국은 남아프리카에서 보어 인들에게 케이프 식민지를 빼앗아 자기들의 식민지로 만들었어. 보어 인은 빼앗긴 케이프 식민지를 다시 찾기 위해 영국을 괴롭혔지. 영국은 보어 인들에게 맞서느라 줄루 제국과 손을 잡아야 했어.

그런데 1867년에 남아프리카에서 다이아몬드 광산이 발견되자, 영국은 보어 인을 완전히 내몰고 광산에서 나오는 이익을 독차지하고 싶어 했어. 영국은 보어 인이 차지하고 있던 땅을 빼앗은 뒤에, 이제는 줄루 제국의 땅까지 욕심냈어. 보어 인들을 없앴으니 더는 줄루 제국을 그냥 둘 필요가 없어진 거야. 오히려 남아프리카의 식민지를 더 넓히는 데 마지막 남은 방해물일 뿐이었어.

1878년 영국군이 줄루 제국을 공격했지. 줄루

보어 인

보어는 네덜란드 어로 농민을 뜻하는데, 17세기 중반에 남아프리카에 자리 잡은 네덜란드계 백인들을 가리키는 말이 되었다. 네덜란드의 동인도 회사가 아프리카 남부에 케이프 식민지를 건설하면서 네덜란드 사람들이 많이 옮겨 갔다.

샤카의 초상화이다. 샤카는 19세기 초에 아프리카 남부의 작은 부족이었던 줄루 족을 이끌고 줄루 제국을 세웠다. 그리고 아프리카 남부 지역을 지배하며 절대적인 권력을 휘둘렀다.

제국의 세츠와요 왕은 그동안 사이
좋게 지내 온 영국이 쳐들어오자 심
하게 배신감을 느꼈어. 세츠와요 왕
은 암벽으로 이루어진 이산들와나
주변의 넓은 골짜기에 진을 치고 영
국 군대와 맞서 싸울 준비를 했지.

줄루의 군대는 영국군 진영을 둘
러싼 뒤 놀라서 당황하는 영국 군대
를 세차게 공격했어. 영국 군대가 총
탄을 퍼부어도 줄루 군대는 물러서
지 않았지. 결국 줄루 군대는 영국군
에게 승리를 거두었어.

그러나 승리의 기쁨은 오래가지

이산들와나 전투 장면이다. 줄루 군대는 이산들와나 전투에서
영국군을 크게 물리쳤다.

못했어. 영국 군대가 기관총을 들고 곧 다시 쳐들어왔고, 줄루 군대는 창만으로 막아
내긴 힘들었어. 줄루 군대는 용감히 맞섰지만, 결국 영국 군대에 지고 말았단다. 그
뒤 줄루 제국은 영국이 만든 남아프리카 공화국에 통합되고 말았지.

분할 지배와 약탈에 시달리다

19세기 중반까지 유럽 인들은 아프리카 내륙 쪽으로는 쉽게 들어가지 못했단다. 말
라리아 같은 아프리카의 열대병에 걸리면 거의 목숨을 잃었기 때문이야. 그런데 19
세기 중반 말라리아 치료 약이 개발되었어. 그러자 유럽 인들은 아프리카 내륙을 본

격적으로 탐험하고 차지하기 시작했단다.

이 과정에서 유럽 나라들 사이에서 크고 작은 싸움이 자주 일어났어. 그러자 독일의 재상 비스마르크가 1884년에서 1885년 사이에 베를린에서 국제회의를 열어 갈등을 해결하려고 했어. 십여 개 유럽 나라의 대표들이 이 회의에 참석했어.

그들은 아프리카 지도를 펼쳐 놓고 자를 대고 그어 나가면서 아프리카를 나눠 갖자고 약속했단다. 아프리카 지도를 보면 자로 대고 그은 듯 반듯한 국경이 많은데, 바로 이 때문이야.

벨기에의 국왕 레오폴드 2세는 아프리카를 "멋진 케이크"라고 불렀어. 그 표현처럼 케이크를 나눠 먹는 기분으로 아프리카를 나누어 가졌던 거야. 그 과정에서 아프

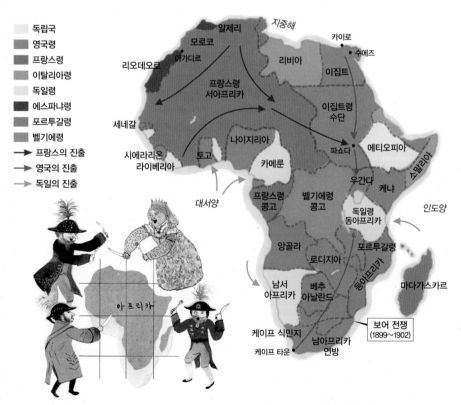

19세기 말 아프리카 지도이다. 유럽 국가들은 자기들 내키는 대로 아프리카를 나누어 가졌다.

96

19세기 말 벨기에 군대가 아프리카 콩고 사람들을 노예로 부리는 모습을 그린 기록화이다.

리카 인들은 전혀 고려하지 않았지.

그러다 보니 한 부족이 두세 나라로 나뉘기도 했고, 언어와 종교, 역사와 전통이 다른 부족들이 한 나라로 묶이기도 했지. 지금도 아프리카에서는 전쟁과 내란이 많이 벌어지고 있는데, 그 원인 중 하나가 유럽 인들이 마음대로 그어 놓은 엉뚱한 국경선 때문이기도 해.

이후에도 유럽 나라들 사이의 영토 분쟁은 계속되었지만, 아프리카를 좀 더 쉽게 정복하기 위한 협력도 이루어졌단다. 앞에서 말했듯이 국제회의를 열어 영토를 나누기도 했고, 1890년에는 아프리카 인들에게 무기를 팔지 못하도록 약속하기도 했지.

이렇게 유럽 나라들이 아프리카를 나누어 차지하려고 할 때, 아프리카 인들은 힘을 합쳐 맞서지 못했어. 아프리카에는 큰 나라보다는 작은 부족들로 이루어진 사회가 많았어. 그랬으니 유럽 인들이 무시무시한 무기를 앞세워 들어올 때, 1만여 개의 부족으로 나뉘어 살고 있던 아프리카 인들은 제대로 힘을 합쳐 맞서기 어려웠던 거야.

유럽 인이 아프리카에 세운 학교에서 아이들을 가르치는 모습을 그린 기록화이다. 유럽 인들은 아프리카 사람들에게
유럽 문명이 더 뛰어나다고 가르쳤다.

　여기에 유럽 인들의 식민지 교육도 한몫을 했어. 유럽 인들은 아프리카에 학교를
세워 아프리카 사람들을 문명화시키겠다고 주장했어. 그런데 유럽 인 교사들은 학교
에서 유럽의 문명과 역사를 가르치며 유럽이 우월하다는 것을 강조했어. 그런 교육
을 받은 아프리카 인은 유럽 인의 지배에 맞서 싸우기보다는 그 지배를 당연하게 받
아들이게 되었지. 아프리카가 유럽의 지배에서 벗어나 독립하기까지는 오랜 시간이
필요했어.

알라의 뜻은 우리에게 있다

알라는 튀르크 인들에게 은혜를 내려 오랜 시간 동안 번영하게 했지만, 그들은 알라와 예언자들이 따르라고 명령한 것을 어겼다. 알라가 주신 것 이외의 것을 다스리고 예언자 무함마드의 법을 바꾸어 무슬림인 당신에게 세금을 거뒀다. (…) 그런 이유로 알라는 당신에게 힘을 주시고, 당신이 무기를 가진 튀르크 인을 억누르고 그들을 대신해서 영토와 재산을 차지하도록 하셨다. (…) 튀르크 인들은 당신의 남자들을 쇠사슬로 묶고 족쇄로 채워 감옥에 넣었다. 여자와 아이들을 잡아 정당한 이유 없이 죽였다. 이 모든 것은 어린 아이에게 자비를 베풀고 나이 많은 사람을 존경하라는 알라와 예언자 무함마드의 뜻에 어긋난 것이다. 그런데 당신이 알라를 위한 전쟁에 나서는 것을 게을리하는 것이 옳은 것인가?

수단은 1820년 이후 오스만 제국의 지배에서 벗어나 독립한 이집트의 지배를 받았다. 그러다가 1881년 무함마드 아흐마드가 스스로 마흐디(구세주)라고 주장하며 수단 사람들을 모아 들고일어났다. 이 글은 그가 지지자들에게 발표한 글의 일부이다. 여기에서 아흐마드는 튀르크 인이 무슬림에게는 세금을 걷지 못하도록 한 이슬람교의 가르침을 어겼고, 그런 튀르크 인의 지배에 맞서 싸우는 것은 알라의 뜻이라는 것을 강조했다.

세상을 바꾸려 애쓴 사람들

협동주의 운동의 선구자 로버트 오언 (1771. 5. 14 ~ 1858. 11. 17)

영국의 사상가이자 사회 개혁 운동가이다. 처음에는 협동조합을 만들고 노동 시간을 줄이고 임금을 올려 주는 등 노동자 복지를 개선하려고 노력했다. 1825년 미국 인디애나 주에 '뉴하모니 공동체'를 만들어 이상적인 마을을 세웠으나 실패하였다. 1834년에는 '전국 노동조합 대연합'을 만들어 적극적으로 활약했다. 오언의 활동은 이후 등장한 협동체 운동에 많은 영향을 미쳤다.

인도 근대화의 아버지 람 모한 로이 (1772. 5. 22 ~ 1833. 9. 27)

인도의 교육, 사회, 정치 개혁을 이루려 애쓴 개혁가이다. 영국이 인도를 지배하던 시절, 힌두교를 개혁하려고 모임을 만들고 교육을 통해 사회와 정치를 바꾸려고 애를 썼다. 인도 사람을 차별하는 영국 식민지 정부의 정책과 제도에 반대하고, 언론과 종교의 자유를 주장하였다. 또 영국 사람들이 무시하던 인도 문화를 되살리는 한편 나쁜 사회 관습을 없애는 운동을 펼치기도 했다.

공산주의 사회를 주장한 카를 마르크스 (1818. 5. 5 ~ 1883. 3. 14)

마르크스주의를 만든 독일의 경제학자이자 사회주의 운동가이다. 1847년 런던에 공산주의자 동맹이 생기자 엥겔스와 함께 가입하고 「공산당 선언」을 같이 썼다. 「공산당 선언」은 이후 공산주의자들이 반드시 지켜야 하는 행동 지침이 되었다. 마르크스는 각 나라에서 일어난 혁명에 참가했으나, 번번이 실패로 끝나자 여러 나라에서 내쫓겨져 런던에서 몇 년 동안 외떨어져 살았다. 1859년 『경제학 비판』을 출판하였으며, 1867년에는 『자본론』 1권을 펴냈다.

일본 막부 타도 운동을 이끈 사카모토 료마 (1836. 1. 3 ~ 1867. 12. 10)

에도 막부를 무너뜨리고 메이지 유신의 발판을 만든 일본의 정치가이다. 하급 무사 출신으로, 무역 회사를 차리는 한편 사람들을 모아 막부의 우두머리인 쇼군을 몰아내는 데 앞장섰다. 1867년 쇼군이 일본 왕에게 권력을 넘기게 만들었고, 이후 사회 개혁 운동을 펼치다 반대파의 습격을 받아 죽었다.

범이슬람주의를 주장한 알 아프가니 (1838 ~ 1897. 3. 9)

이란의 명문가 출신으로, 인도에서 공부하던 중, 영국 식민주의를 몸소 경험하며 유럽 침략이 위험하다는 것과 이에 맞서려면 민족적 단합이 필요하다는 것을 깨달았다. 그 뒤 이집트의 대학에서 이슬람 세계를 이끌어 갈 개혁 사상을 연구했다. 그리고 자주독립, 유럽 제국주의 비판, 민중의식 등을 학생들에게 가르쳤다. 여러 나라를 돌아다니며 이슬람 나라들 사이의 단결을 주장하고, 유럽 나라들의 침략 정책에 맞서는 활동을 펼쳤다.

조선 개화파의 지도자 김옥균 (1851. 1. 23 ~ 1894. 3. 28)

조선의 정치가로 개혁을 위해 노력한 개화파의 지도자이다. 젊어서 유대치, 박규수 등에게 개화사상을 배우고 1872년에 과거에 급제하여 관리가 되었다. 이후 신사유람단으로 일본의 문물을 살펴보고 돌아왔으며, 일본 유학생 파견과 군사 견습생 파견 운동을 이끌었다. 일본의 발전에 자극을 받아 조선의 개혁을 더 빨리 이루려고 1884년 갑신정변을 일으켰으나 실패했다. 그 뒤 일본으로 도망쳤으며, 다시 청으로 건너가 지내던 중 암살당했다.

청 변법 운동의 지도자 캉유웨이 (1858. 3. 19 ~ 1927. 3. 31)

청의 학자로, 일찍부터 유학을 새롭게 해석한 공양학을 배웠고, 외국 서적을 통해 서양 문물을 배웠다. 유학에 불교와 서학의 사상을 더해 이상주의적인 '대동설'을 주장하고, 광저우에 학교를 세워 유럽의 신식 학문을 가르쳤다. 청일 전쟁에서 청이 일본에 지자, 사람들을 모아 낡은 법을 크게 뜯어 고치는 변법자강의 정치 개혁을 주장했다. 청 황제를 설득해 많은 개혁 정책을 발표했지만, 불과 100일 뒤에 반대파에 밀려 개혁 노력은 실패로 끝났다.

역사 용어 풀이

식민지(植民地 : 심을 식, 사람 민, 땅 지) 강대국에게 정치적·경제적으로 지배당하는 지역이나 나라. 정치적으로는 국가로서의 주권을 잃고 강대국의 종속국이 되고, 경제적으로는 식민지 본국에 대한 원료 공급지, 상품 시장, 자본 수출지의 기능을 함. (52쪽)

인종주의(人種主義 : 사람 인, 씨 종, 주장할 주, 뜻 의) 사람의 피부와 생김새 등으로 나눈 인종 사이에 능력의 차이가 있다고 하여 다른 인종에 대한 무시, 박해, 차별 따위를 옳다고 여기는 주의. (55쪽)

유색인(有色人 : 있을 유, 빛 색, 사람 인) 백인들이 백인이 아닌 다른 인종들을 통틀어 부르는 말. 피부색이 백인과 다른 인종을 말함. (56쪽)

양무운동(洋務運動 : 바다 양, 힘쓸 무, 움직일 운, 움직일 동) 19세기 후반에 중국 청나라의 쩡궈판, 리홍장 등이 서양의 군사, 과학, 통신 따위의 기술을 받아들이기 위해 벌인 근대화 운동. (60쪽)

개화파(開化派 : 열 개, 될 화, 갈래 파) 19세기에 나라의 문을 열고 유럽 문물을 받아들여 문명 발전을 이루자고 주장한 집단. 또는 이들의 사상이나 정신을 이어받아 개화를 주장하는 사람들을 이르는 말. (62쪽)

존왕양이(尊王攘夷 : 받들 존, 임금 왕, 물리칠 양, 오랑캐 이) 왕실을 높이고 오랑캐를 물리침. (63쪽)

국민 국가(國民國家 : 나라 국, 백성 민, 나라 국, 집 가) 동일 민족 또는 국민이라는 의식을 바탕으로 구성한 중앙 집권 국가. (64쪽)

영주(領主 : 다스릴 영, 주인 주) 세금을 거두는 영지나 장원을 소유하고, 그 영역을 지배하던 사람. (64쪽)

문호 개방(門戶開放 : 집 문, 출입구 호, 열 개, 놓을 방) 다른 나라와의 교류를 하기 위한 통로나 수단을 터놓는 것. (86쪽)

보호령(保護領 : 지킬 보, 거느릴 호, 다스릴 령) 서유럽 나라들이 아시아나 아프리카 지역에 식민지를 넓힐 때 원주민의 우두머리와 협정을 맺고 원주민들 스스로 보호 아래 들게 한 지역. 국제법상 식민 국가의 일부로 취급되며, 국가 지위를 인정받지 못함. (93쪽)

3

달라진 세계, 새로운 문화

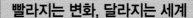

빨라지는 변화, 달라지는 세계

대기업이 새로운 기술과 상품 개발을 이끌다
상품 판매 경쟁이 점점 더 치열해지다
식민지 쟁탈전이 벌어지다
[역사 타임캡슐] 나는 80일 안에 세계
　　　　　　　　일주를 하겠다

대중의 성장과 대중 사회의 등장

대중들의 정치 참여가 활발해지다
여성들이 자신의 권리를 위해 싸우다
대중이 새로운 매체를 통해 더 많은 정보와 지식을 얻다
사람들의 생활이 전반적으로 나아지다
[역사 타임캡슐] 하나의 불꽃이 들불처럼
　　　　　　　　타오르다

대중 문화와 예술의 발달

대중이 문화를 원하다
예술이 평범한 사람들의 일상에 주목하다
새로운 예술이 나타나다
[역사 타임캡슐] 살아 있는 예술 작품을
　　　　　　　　만들어야 한다
[모둠 전시관] 19세기 인상주의 전시회

[세계사 사전] 세계를 바꾼 과학자와
　　　　　　　　발명가들

1903
미국, 라이트 형제
최초 비행 성공

1904
러일 전쟁 발생
(~1905년)

1905
대한제국, 을사늑약 체결
러시아, 피의 일요일 사건 발생

에디슨이 발명한 전구.

영국은 산업 혁명에 가장 먼저 성공하여 19세기 중반까지 최고의 번영을 누렸어. 하지만 19세기 말이 되면서 영국의 지위는 흔들리기 시작했어. 미국과 독일 등이 새로운 기술과 제품 개발에 힘을 쏟으며 영국을 무섭게 쫓아왔거든. 그러면서 유럽 나라들 사이의 경쟁이 매우 심해지고, 식민지를 둘러싼 갈등도 커져 세계는 점점 긴장감이 높아졌단다.

빨라지는 변화, 달라지는 세계

대기업이 새로운 기술과 상품 개발을 이끌다

1880년대까지 영국은 세계에서 가장 경제가 발달하고 강한 나라였어. 미국과 유럽의 여러 나라는 영국의 성공을 부러워했어. 그리고 영국을 따라 산업 혁명에 힘을 쏟았지.

처음에는 영국 회사의 물건들보다 더 싸고 훌륭하게 만드는 것이 쉽지 않았어. 그래서 영국을 뒤쫓던 나라들은 영국 상품이 자기 나라에 들어오는 것을 막기 위해 영국의 상품에 세금을 비싸게 매기는 보호 무역 정책을 폈어. 그러는 한편 영국 회사들이 아직 만들지 못한 상품을 새로운 기술을 이용해서 만들려고 애썼지. 19세기 중반부터 특히 미국과 독일 사람들이 거기에 많은 노력을 기울였어.

그 덕택에 미국과 독일은 새로운 기술, 새로운 기계, 새로운 상품을 아주 많이 선보였어. 우리가 흔히 중화학 공업이라고 부르는 전기 · 전자, 철강, 화학, 정유, 자동차

에디슨이다. 19세기 말 전구를 비롯해 1,000여 종이 넘는 발명을 해서 발명왕으로 불린다.

산업이 모두 19세기 중반부터 19세기 말 사이에 생겨났지. 이것을 제2차 산업 혁명이라고 해.

새로운 산업에는 영국의 산업 혁명 때보다도 훨씬 더 복잡하고 어려운 과학 기술 지식이 필요했고, 더 크고 값비싼 기계와 설비가 쓰였어. 그래서 학교에서 과학을 정식으로 배운 사람들이 대학이나 연구소뿐만 아니라 여러 회사에서 일하게 되었지.

큰 회사들은 아예 연구소를 직접 차려서 이미 시장에 나온 제품들을 더 좋게 바꾸거나, 아예 새로

운 제품들을 발명하기 시작했어. 이렇게 하려면 상상할 수 없을 정도로 큰돈, 즉 대자본이 필요했어. 자본이 많아야 충분히 투자할 수 있고, 그래야만 치열한 경쟁에서 살아남을 수 있는 시대가 된 것이지. 그 결과 대기업이 등장했어.

미국과 독일을 비롯한 몇몇 나라의 대기업들은 엄청난 자본, 앞선 기술과 설비를 이용해서 이제까지 보고 듣지 못했던 새로운 상품을 만들어 냈어. 그뿐만 아니라 같은 물건을 만들더라도 대기업은 더욱 싸게 만들 수 있었지.

어떤 상품을 만들 때 미리 정한 규격대로 똑같은 재료와 기계를 사용해서 만들면, 많이 만들수록 물건을 만드는 데 들어가는 비용은 떨어지게 마련이야. 이 덕분에 대기업들은 시장에서 힘을 키울 수 있었어.

그런가 하면 대기업들은 수많은 작은 기업들을 흡수하여 시장을 지배했어. 이른바 독점 기업의 시대가 열린 거야. 강철 산업의 **앤드루 카네기**, 석유 사업가 **존 록펠러**, 자동차 왕 헨리 포드, 은행가 존 모건 등이 크게 활약했어. 전기 산업과 육류 가공 및 통조림, 청과물 등 거의 모든 산업 분야에서 독점 기업의 시대가 열렸어.

상품 판매 경쟁이 점점 더 치열해지다

　19세기 말 미국과 독일은 기술 개발에 힘을 쏟아 새로운 발명품들을 많이 개발했어. 그러면 대기업에서는 그 발명품들을 공장에서 금세 대량으로 생산했지. 하지만 얼마 지나면 경쟁 기업이 비슷한 상품을 만들어 시장에 내놓았단다.

　이렇게 여러 회사에서 똑같은 제품을 내놓다 보니, 물건을 팔기 위한 경쟁이 점점 더 치열해졌어. 즉, 기업이 생산한 제품을 유통하고 파는 일이 중요해진 시대가 온 거야.

　기업들은 자기 회사 물건에 브랜드를 표시하고, 독특한 상표를 붙이기 시작했어. 과자처럼 물건에 브랜드를 직접 나타낼 수 없을 때는 포장 용기에 담아 회사 브랜드

19세기 말 유럽과 미국에는 수많은 작은 기업을
흡수해 몸집을 불린 대기업이 여럿 나타났다.

와 상품 이름을 표시했지. 지금 우리가 쓰는 물건들 가운데 이렇게 해서 생겨난 게 제법 많아. 보통 명사처럼 부르는 스카치테이프, 아스피린, 지퍼 등은 모두 원래 상품의 이름이란다.

하지만 포장을 잘하고 멋진 이름을 붙이는 것만으로도 부족했어. 아무리 물건이 멋져도 소비자가 그 물건이 있다는 걸 우선 알아야만 팔리지 않겠어?

그래서 19세기 후반부터 광고가 본격적으로 등장하기 시작했어. 종이와 잉크를 만들고 인쇄하는 기술이 발전하고, 전신과 전화가 생긴 덕에 신문과 잡지를 읽는 사람들이 전보다 훨씬 많아졌어. 바로 이 신문과 잡지가 광고를 하는 데에 매우 중요한 도구가 되었어.

19세기 말 미국 백화점 내부의 모습을 그린 기록화이다. 백화점은 많은 물건을 한꺼번에 진열하여 큰 인기를 끌었다.

그뿐만이 아니야. 전기 조명으로 장식한 광고판들이 도시에 등장했어. 20세기에 라디오와 텔레비전이 발명된 뒤로 광고의 중요성은 더 커졌고, 기업들은 점점 더 많은 돈을 광고에 쓰게 되었어.

물건을 파는 방식도 바뀌어 갔어. 영국에서는 18세기 후반부터, 다른 나라들은 19세기 중반부터 특정 회사의 상점들이 대도시와 중소 도시에 생겨나기 시작했지. 상점 체인이 등장한 거야.

큰 백화점도 등장했어. 19세기 중반 프랑스 파리와 미국 뉴욕에 백화점이 들어섰는데, 무척이나 화려했어. 전면의 쇼윈도, 화려한 조명, 마네킹, 엘리베이터는 다 이때부터 생긴 거야.

그때도 이미 백화점은 쇼핑만 하는 곳이 아니었어. 백화점에 가면 멋진 식당이 있었고, 공연과 전시회가 열렸고, 어린이들을 위한 장난감 코너와 놀이방이 있었지. 백화점은 사람들이 물건을 쉽게 살 수 있도록 물건 값을 여러 차례 나눠 내는 할부 제도도 시행했지. 백화점이나 전문 상점을 접할 수 없는 농촌 사람들을 겨냥한 통신 판매도 생겨났단다.

식민지 쟁탈전이 벌어지다

19세기 말 유럽의 여러 나라들은 제국주의 경쟁, 식민지 쟁탈전을 벌이기 시작했는데, 그 배경에는 경제적 이유가 자리하고 있단다.

이 무렵 유럽 나라들은 제2차 산업 혁명으로 경제가 빠르게 발전하고 있었어. 이 시기의 중요한 발명품 중 하나는 증기 기관보다 강한 동력을 만들어 내는 내연 기관이었지. 내연 기관을 돌리려면 석유와 같은 연료가 꼭 필요했어. 또 이 시기에 널리

영국의 차 회사 광고이다. 영국을 비롯해 유럽 나라들은 동남아시아에 차, 고무를 대규모로 재배하는 대농장을 세워 큰 이익을 챙겼다.

이용하기 시작한 자전거와 자동차를 만들려면 고무가 반드시 있어야 했지.

석유는 서아시아에서, 고무는 남아메리카나 아프리카 혹은 동남아시아와 같은 열대 지역에서, 그리고 전기 산업에 꼭 필요한 구리는 남아메리카나 아프리카에서 주로 구할 수 있었어. 원료가 나는 지역을 식민지로 거느린다면 산업 발전에서도 앞서 나갈 수 있었다는 뜻이야. 반대로 이런 지역을 얻지 못하면 경제적으로 뒤처지고 말았지.

유럽 인들은 식민지에서 커피, 설탕, 담배, 차, 코코아 등을 대규모로 재배하는 대농장을 경영했어. 식민지는 특정 물품을 생산하는 곳으로 변해 갔어. 말레이 반도는 고무와 주석, 브라질은 커피, 우루과이는 고기, 쿠바는 설탕과 담배를 뜻하는 말로도 통하게 되었지.

여기서 나온 상품은 전 세계로 유통되었어. 담배를 피우고, 설탕이 들어간 커피와 차를 마시는 습관이 유럽뿐 아니라 전 세계로 퍼진 거야. 식민지인들은 자체적으로 먹고사는 것이 점점 힘들어졌고, 유럽과 미국인들이 이끄는 국제 무역에 크게 의존하게 되었지.

식민지를 거느렸던 유럽과 미국은 운송, 판매, 금융업으로도 많은 돈을 벌었어. 또 독일이나 미국은 기계 기술과 화학 등을 이용한 제조업 분야에서 큰 발전을 했단다. 유럽과 미국의 공장에서 공산품을 대량으로 생산하면, 전 세계가 그것을 대량으로 소비하던 시기였어.

제국 건설에 나선 나라들은 대량 생산한 물건들을 꾸준하게 팔 곳이 필요하므로 식민지를 만들어야 한다고 주장하기도 했어. 예를 들어 프랑스는 아프리카에서 수천 톤의 야자유를 들여와서 마가린과 비누를 만든 다음, 그것을 식민지에 되팔았단다. 당시 프랑스는 비누를 10개 만들었으면 그 가운데 6~7개는 식민지로 수출했어.

식민지를 거느리고 있으면 다른 나라보다 더 많은 자원, 더 큰 시장, 더 값싼 노동력을 이용할 수 있고, 더 부유하고 강한 나라가 될 수 있었어.

19세기 말, 나눠 먹을 수 있는 식민지가 점점 줄어들었어. 그러자 유럽 나라들은 식민지를 더 얻으려고 갈수록 뜨겁게 경쟁을 벌였어. 영국, 프랑스, 독일 등 유럽 제국주의 국가들은 자주 충돌했어.

특히 독일은 1890년 이후 영국과 프랑

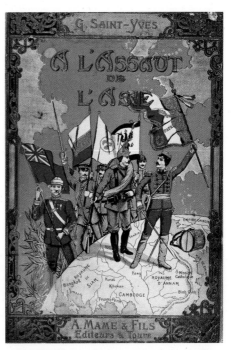

동남아시아를 노리고 몰려드는 유럽 제국주의 나라들을 풍자한 그림이다.

스의 식민지까지 넘보며 더 많은 식민지를 차지하려고 힘을 쏟았어. 우선 힘이 약해지고 있던 오스만 제국 쪽에 다가가 철도를 건설할 권리를 따내는 등 아시아로 나아가려 했어. 그다음에는 프랑스의 영향력 아래 있기는 해도 아직 완전한 식민지는 아니었던 모로코를 넘봤어. 당연히 영국, 프랑스와 갈등이 커졌지.

독일과 마찬가지로 미국도 제국주의 경쟁에 뒤늦게 뛰어들었어. 1898년 미국은 에스파냐와 전쟁을 벌여 쿠바를 영향력 아래 두고, 필리핀을 손에 넣었단다. 또 청에 대해서는 문호 개방 정책을 추진했지. 청에는 이미 여러 나라가 진출해 있었는데, 미국이 자기네도 거기에 참여하게 해 달라고 한 게 문호 개방 정책의 핵심 내용이야.

그 밖에 이탈리아, 러시아, 일본 등도 저마다 경쟁에 뛰어들었어. 이탈리아는 리비아를, 러시아는 중앙아시아와 페르시아를, 일본은 조선을 손에 넣었지.

이렇게 해외 영토와 식민지를 둘러싼 경쟁은 유럽 나라들 사이의 갈등과 어우러져 국제적인 긴장을 높였단다. 작은 사건일지라도 언제든 큰 전쟁으로 번질 수 있는 위기 상황이 된 거야.

나는 80일 안에 세계 일주를 하겠다

"최소한으로 잡았더라도 잘만 활용하면 가능해. 자, 나는 80일 이내에, 그러니까 1,920시간, 아니 11만 5,200분 안으로 세계 일주를 할 수 있다는 데 2만 파운드를 걸고 내기를 하겠네. 모두 어떤가? 받아들이겠나?"

그 자리에 있던 여섯 명의 신사는 잠시 동안 심각한 얼굴로 의논을 했다. 그러고는 내기를 받아들이겠다고 대답했다.

포그가 말했다.

"좋아, 오늘 저녁 8시 45분에 도버행 기차가 있네. 그걸 타고 출발하지."

스튜어트가 깜짝 놀라 소리쳤다.

"오늘 저녁에?"

"그렇네. 오늘 저녁에."

그는 수첩을 들여다보며, 세계 일주가 마치 옆 동네에 다녀오는 것처럼 간단한 일인 듯 아무렇지도 않게 말을 이었다.

"오늘이 10월 2일 수요일이니까, 나는 12월 21일 토요일 저녁 8시 45분까지 이곳 개혁 클럽의 휴게실로 돌아오겠네. 만약 내가 그때까지 돌아오지 못하면 내 은행 계좌에 들어 있는 2만 파운드는 자네들 것이네."

19세기 말 프랑스의 소설가인 쥘 베른이 쓴 『80일 간의 세계 일주』의 일부분이다. 이 작품은 철도와 증기선 등 교통 수단이 눈부시게 발달하고 신문과 잡지를 통해 갖가지 정보가 쏟아진 19세기 말을 배경으로 한다. 베른은 프랑스와 영국, 인도, 미국의 기차 시간표와 증기선의 출발 시간을 철저하게 조사해 이 작품을 썼다. 이 작품은 지식과 과학을 통해 인류가 끝없이 발전할 것이라는 당시 사람들의 믿음을 잘 보여 준다.

러시아의 교통 역사 박물관에 있는 증기선 조각.

19세기 말 유럽과 미국 사람들은 이전보다 나은 생활을 누리게 되었어. 그러면서 생활 수준을 유지하기 위해, 남들보다 나은 생활을 하기 위해 정치적인 목소리를 내기 시작했어. 정치뿐만 아니라 사회 여러 분야에서 이름 없는 평범한 사람들의 영향력이 커지는 대중 사회가 다가왔지. 서유럽 몇 나라와 미국에서 시작된 이런 변화는 19세기 말을 거쳐 20세기 초에는 전 세계로 퍼져 나갔단다.

대중의 성장과 대중 사회의 등장

대중들의 정치 참여가 활발해지다

19세기 말에 미국과 유럽 나라들에서는 남자 어른이라면 누구나 투표를 할 수도 있고, 직접 정치에 참여할 수 있었어. 귀족 등 소수의 특권층만 지니고 있던 참정권을 얻으려고 19세기 초부터 많은 사람이 엄청난 노력을 기울여 따낸 결과였지.

그러면서 소수의 특권층이 아닌 대중들이 정치 활동을 활발히 펼치기 시작했어. 대중들은 자신의 뜻을 대변해 주는 정당에 가입해 활동하고, 선거나 투표로 힘을 내보였지. 수많은 평범한 사람들, 즉 대중이 선거와 정치에서 중요한 역할을 하는 대중 정치 시대가 열린 거야. 이로써 가난, 질병, 장애, 교육 같은 사회 복지 문제가 나랏일의 중요한 부분으로 자리할 수 있었지.

자신들의 권리를 지키려는 노동자들의 움직임도 더욱 활발해졌어. 그동안 노동조합을 법으로 억누르는 경우가 많았는데, 19세기 말이 되자 노동조합을 인정하는 나라들이 늘어났어. 그러자 더 많은 노동자가 노동조합에 가입했고, 힘이 커진 노동조합은 곳곳에서 임금을 올리고 노동 조건을 개선하라고 요구하며 파업과 시위를 벌였지. 그 과정에서 노동자들이 회사에서 고용한 인부나 경찰과 충돌하는 일이 자주 벌어졌고, 많은 이들이 죽거나 다쳤단다.

1886년 헤이마켓 노동자 시위를 그린 기록화이다. 19세기 말 미국 노동자들은 노동조합을 중심으로 참정권을 비롯해 노동 조건 개선을 요구하는 운동을 꾸준히 펼쳐 나갔다.

　1886년 5월 1일, 미국 노동자들이 하루 8시간 노동제를 요구하며 총파업을 벌였어. 시카고의 헤이마켓 광장에서도 노동자들이 평화롭게 시위를 벌이고 있었는데, 경찰이 시위대를 향해 총을 쏘아 여섯 명이 숨지는 사건이 일어났단다. 이튿날 30만 명에 이르는 노동자들이 모여 항의를 했지. 그러면서 이 시위에서 더 많은 노동자가 죽거나 다쳤단다.

　이처럼 많은 희생을 치르는 동안 노동자들은 이렇게 생각하기 시작했어. 의회 민주주의나 자본주의 경제 체제가 노동자의 이익을 지켜 주지 않는다고 말이야. 그러면서 새로운 정치, 경제 체제를 꿈꾸었지. 노동자가 중심이 되는 사회를 만들자는 공산주의 운동이 힘을 얻기 시작한 거야.

　서유럽이나 미국에서는 사회주의 운동이 성공하지 못했어. 그렇지만 계속해서 투쟁하는 노동자들을 달래기 위해 각국 정부와 자본가들은 의료 보험, 실업 보험, 노령 연금 같은 복지 제도를 만들었단다. 이처럼 19세기 말 노동자들이 중심이 되어 정치에 참여한 뒤로 많은 변화가 생겼어.

그런데 대중의 정치 참여가 반드시 좋은 결과만 낳는 것은 아니라는 점도 기억해야 해. 곧 살펴보겠지만, 유럽의 제국주의자들이나 파시스트 정치가들은 대중의 힘을 이용해 다른 나라를 침략하거나 다른 민족을 못살게 굴고 죽이기도 했거든. 정치에 참여하는 권리를 제대로 쓰는 것이 그만큼 중요하단다.

한편, 19세기 말에는 미국과 유럽 이외의 나라에서도 대중들의 정치 참여가 활발하게 일어났어. 바로 아시아의 오스만 제국, 청, 조선, 일본 그리고 남아메리카의 멕시코 같은 나라야.

유럽과 달리 이들 나라에서는 낡은 정치와 경제 제도가 그대로 남아 있었어. 게다가 세력을 넓히려는 유럽 강대국들이 이 나라들을 노리고 있었지. 그래서 안으로는 낡은 정치와 경제 질서를 무너뜨리고, 밖으로는 제국주의 나라들의 침략과 간섭을 물리쳐야 하는 두 가지 숙제를 동시에 풀어 나가야 했단다.

오스만 제국에서는 사람들이 술탄의 독재를 반대하고 입헌 군주제와 의회를 되살리라고 꾸준히 요구했어. 그리고 1908년 청년 오스만 인의 혁명이 성공을 거두었지. 청년 오스만 인은 헌법을 부활하고 개혁을 추진해 오스만 제국을 되살리는 데 힘을 쏟았어.

청과 조선도 유럽과 미국에서 민주주의 사상과 제도를 받아들여 낡은 정치 질서를 바꾸려고 계속 노력했어. 대중들이 나서서 외국 세력을 몰아내는 데 앞장서는가 하면, 새로운 공화국을 세우려는 움직임이 활발하게 일어났단다.

일본은 청과 조선에 비해 일찍 산업화에 성공한 탓에 대중 운동이 더 활발했어. 19세기 말 노동자 수가 크게 늘어났고, 그들은 노동조합을 만들어 권리를 주장하는 목소리를 높였어. 국민들의 자유와 인권을 넓히려는 민권 운동도 빠르게 퍼졌단다.

그러가 하면 중앙아메리카의 멕시코에서는 세계에서 처음으로 대중 혁명이 성공을 거두었어. 멕시코는 19세기 초 에스파냐의 지배에서 벗어났지만, 그 뒤로도 오랫동안 독재 정부의 지배에 시달려야 했어. 결국 멕시코의 모든 계층이 참여하여 혁명을 일으켰고, 독재 정부를 무너뜨리고 새로운 공화국을 세우는 데 성공했단다.

멕시코 혁명은 단순히 정치 제도를 바꾸는 것에 그치지 않았어. 토지 분배, 노동 개혁, 산업의 국유화 등을 통해 사회 체제까지 크게 바꾸어 놓았지. 이런 것을 사회 혁명이라고 해. 멕시코 혁명은 20세기의 첫 사회 혁명이면서, 20세기 현대사의 진정한 시작을 알리는 신호탄이었어.

여성들이 자신의 권리를 위해 싸우다

오늘날에는 단지 여성이라는 이유로 선거나 투표에 참여할 수 없다거나, 여성은 남성과 같은 일을 할 수 없다는 식의 차별은 쉽게 찾아볼 수 없어.

하지만 19세기 말까지는 세계 어느 나라에서도 여성은 자유롭게 정치에 참여할 수 없었어. 이 무렵 유럽의 여러 나라에서 선거나 투표에 참여할 수 있는 대상이 크게 늘었지만, 오직 성인 남성에게만 해당되는 일이었거든.

여전히 여성을 불완전하다고 여겼고, 여성이 자기 권리를 주장하거나 바깥일을 하면 좋지 않은 눈으로 보았어. 특히 중간 계급 가정에서 여자가 바깥일하는 것을 매우 꺼렸지. 여자는 그저 집에 머무르면서 남편을 뒷바라지하고 아이를 돌보는 것이 당연하다고 여겼지.

그렇다고 여성들이 집에만 있지는 않았어. 생활이 어느 정도 여유로운 여성들은 각종 자선 단체에서 활발하게 활동하면서 가난하고 병든 사람들을 돕는 데 큰 역할을 했지. 노동자 가정에서는 여성의 역할이 더 중요했어. 많은 여성이 집안일뿐 아니라 바깥일도 하며 돈을 벌어야 했거든. 하지만 여성은 대개 단순하고 궂은일을 도맡기 마련이었고, 남성과 같은 일을 하더라도 보수는 훨씬 적게 받았어.

이건 불공평하잖아. 이미 18세기 말에 여성에 대한 불공평한 대우를 고발하는 글들이 나오기 시작했지. 사람은 누구나 자유롭고 평등하다고 선언했던 미국 「독립 선언서」와 프랑스의 「인권 선언」 등의 영향으로, 여성을 불완전한 존재라 여기는 생각은 빠르게 사라졌어. 여성들의 사회적인 지위도 조금씩 나아졌단다.

그러나 여성들이 남성과 동등하게 정치에 참여할 권리를 인정받기까지는 결코 쉽지 않았어. 중간 계급과 노동 계급 남성이 그랬던 것처럼, 여성들 역시 정치적 권리를 찾기 위해 열심히 싸워야 했지.

참정권 운동을 벌이는 20세기 초 미국의 여성 운동가들이다. 투표권이 없으면 세금도 낼 수 없다고 주장하는 푯말을 목에 걸고 시위하고 있다.

19세기 중반부터 미국과 영국에서 여성 참정권 운동이 활발하게 일어났단다. 자선 단체에서 활동했거나 노예제 폐지 운동에 활발하게 참여했던 여성들이 그 경험을 디딤돌 삼아 앞장서서 이끌었지.

여성 참정권 운동에 참가한 사람들은 남성들의 무시와 편견에 시달려야 했어. 심지어 같은 여성들조차 등 돌리기 일쑤였단다. 그러다 보니 여성 참정권 운동가 중에는 자기네 요구를 널리 알리려고 시위, 의회 습격, 단식 투쟁 같은 매우 거친 방법을 동원한 사람들도 있었어.

한편 여성의 경제 활동이 점점 늘어남에 따라 여성의 역할도 더욱 중요해졌어. 그만큼 여성들의 힘과 목소리가 커졌지. 결국 20세기 초 제1차 세계 대전이 끝난 뒤 서유럽과 미국의 여성들은 참정권을 얻었단다.

여성들의 사회 참여와 권리 찾기 운동은 미국과 유럽에서만 일어난 게 아니야. 미국과 유럽에서 가까운 남아메리카의 멕시코, 아르헨티나, 브라질 같은 나라들에서도 여성들이 차별을 없애고 자신들의 권리를 주장하는 노력을 다양하게 펼쳐 나갔지.

또 일본, 필리핀을 비롯해 아시아 여러 나라의 여성들도 이전에 비해 사회적 지위가 나아졌어. 교육의 기회가 많아지면서 집에서 벗어나 사회 활동을 하는 여성들이 늘어났어. 그리고 이들을 중심으로 여성들의 사회적 지위를 높이고 남성들과 동등한 대우와 권리를 요구하는 움직임이 활발하게 일어났단다.

대중이 새로운 매체를 통해 더 많은 정보와 지식을 얻다

앞에서 이야기했듯이 19세기 세계 여러 나라에서 대중의 힘이 세졌어. 그렇게 된 원인 가운데 하나는 예전보다 다양하고 많은 정보를 손쉽게 얻을 수 있었다는 점이

19세기 통신과 교통의 발달을 그린 그림이다. 기차, 증기선, 모스 전신기 등이 등장해 세계는 더욱 가까워졌고, 시간 과 공간에 대한 사람들의 생각도 크게 바뀌었다.

야. 그러면서 사람들은 자신이 누려야 할 권리에 대해서 더 깊이 생각하게 되었어.

이처럼 빠르고 값싸게 정보를 얻을 수 있게 된 건 교통과 통신 수단의 발전 덕분이 야. 증기 기관차, 증기선, 전신, 전화 등이 이 무렵에 중요한 교통 통신 수단이었어. 지금 우리의 눈으로 보면 당시의 교통과 통신 기술이 답답해 보일지도 몰라. 하지만 19세기 중반의 기술 변화는 당시 사람들에게 큰 충격이었단다.

영국이 북아메리카 대륙을 식민지로 삼을 무렵의 모습을 한번 볼까? 17세기에 영 국 사람들이 범선을 타고 대서양을 건너 북아메리카 대륙으로 가려면 두 달도 넘게 걸렸어. 19세기 중반에 등장한 증기선은 이걸 약 15일로 줄였지. 이건 편지가 전달되 는 데 걸리는 시간이 두 달에서 보름 이하로 줄었다는 이야기야.

19세기 말 미국 뉴욕의 초등학교 모습이다. 19세기에 미국과 유럽 여러 나라에는 초등학교가 많이 세워져 글을 읽을
수 있는 사람이 크게 늘어났다.

그런데 대서양을 가로지르는 해저 케이블이 놓이자 이 시간은 불과 몇 시간, 아니
몇 분으로 줄어들었어. 물론 처음에는 전선으로 소식을 주고받는 전신 이용료가 꽤
비쌌어. 그러나 기술 발전이 거듭되면서 처음에는 비쌌던 전신, 전화도 차츰 많은 사
람들이 이용할 수 있을 정도로 싸졌지. 즉, 기술의 발전으로 사람들은 정보와 소식을
싼 값에 빠르게 주고받게 된 거지.

이와 더불어 사람들이 정보를 이해하는 능력이 좋아졌어. 아무리 많은 정보가 있어
도 그걸 이해할 수 없다면 아무런 소용이 없지 않겠어? 이런 점에서도 19세기에 서유
럽과 미국에서 시작된 변화는 무척 중요해. 사람들의 읽고 쓰는 능력, 즉 문자 해독
률이 눈에 띄게 올라갔어. 이것은 농업보다도 공업과 서비스업이 더 빠르게 발전하

고 중요해지면서 도시에 사는 사람들이 크게 늘어난 것과 관계가 깊어. 도시에서 일자리를 얻으려면 최소한 읽고 쓸 줄은 알아야 했거든.

여러 나라의 정부는 새로운 기술과 지식을 퍼뜨리고 시민으로서 갖춰야 할 아주 기본적인 지식, 예컨대 자기가 살고 있는 나라는 어떤 나라이고, 시민의 권리와 의무는 무엇인지 등에 관한 지식을 전달하기 위해 교육에 관심을 기울이기 시작했지. 그래서 1870년대부터 영국을 비롯한 유럽 여러 나라와 미국에서 모든 어린이들이 초등학교에 다니게 되었어. 그 결과 1900년 무렵에는 서유럽 사람 가운데 85퍼센트 정도가 글을 읽고 쓸 줄 알게 되었단다.

이렇게 정보를 전달하는 기술이 발전하고, 정보를 이해하는 능력이 나아지면서 늘어난 것이 또 하나 있어. 바로 새로운 정보와 지식을 빨리 접하려는 사람들의 욕구

사람들이 신문을 읽고 세상 돌아가는 이야기를 하고 있다. 19세기에 인쇄기가 발달해 신문을 대량으로 찍어 내면서 가격이 크게 낮아져 더 많은 사람이 신문을 통해 새로운 정보를 얻을 수 있었다.

야. 그러면서 이들의 욕구를 해결해 주는 산업이 발전하고, 새로운 전달 수단, 즉 매체가 발전하기 시작했단다.

이 무렵 발전한 가장 대표적인 매체가 신문과 잡지야. 신문이나 잡지는 이미 18세기에 유럽과 미국에서 나타났는데, 19세기에는 종류와 판매 부수가 크게 늘었지. 19세기 중반 이후에는 아시아 여러 나라에서도 신문과 잡지가 널리 퍼졌단다.

19세기에 철도, 증기선, 전신, 전화가 발명되면서 소식은 더 빠르게 전달되었고, 신문, 잡지가 독자에게 전달되는 시간 역시 크게 줄었어. 게다가 인쇄술이 발전해서 신문, 잡지에는 글뿐만 아니라 삽화, 사진, 만화도 실려 사람들이 더 재미있게 볼 수 있었지.

신문, 잡지의 가격도 떨어졌어. 여기에는 광고가 큰 역할을 했지. 앞에서 이야기했듯이 19세기 후반에 광고 산업이 본격적으로 발전하기 시작했어. 신문사나 잡지사는 독자를 늘려 광고 수입을 더 많이 올리려고 신문과 잡지의 가격을 낮게 매겼지. 그 결과, 1890년대에 이르러서 발행 부수가 100만 부가 넘는 신문들이 유럽과 미국에 나타났단다.

사람들의 생활이 전반적으로 나아지다

19세기 중반부터 미국과 유럽 나라들의 경제 규모는 그 이전보다 훨씬 더 빠르게 커졌어. 세계 전체의 경제 규모도 덩달아 커졌지. 공장이 이전보다 수백 배 늘어나고 공장 규모가 커져 기계를 더 많이 사용했어. 더불어 노동자들이 특별한 기술 없이도 할 수 있는 일이 크게 늘었어. 그 결과 이제까지 농사를 짓던 사람들이 농사일을 버리고 공장으로 몰려왔어. 농촌의 인구는 계속 줄어드는 반면, 공장이 모여 있는 도시의 인구는 매우 빠르게 늘어 갔어.

　미국과 유럽의 몇몇 나라들에서는 거의 모든 계층 사람들의 소득이 늘어나 경제 성장의 혜택을 누렸어. 사람들은 시장에 쏟아져 나오는 수많은 상품들을 살 수 있었고, 기차나 증기선을 타고 나라 안팎으로 여행을 떠날 수도 있었지.

　이처럼 사람들이 휴가를 즐기고, 나라 밖으로 여행을 떠나기 시작한 게 바로 19세기 중반부터란다. 또 전신, 전화 등 새로운 통신 수단 덕택에 사업도 편리해졌고, 먼 곳에 있는 사람들과 소식을 주고받는 것도 훨씬 편해졌지.

　이런 생활을 즐기기 위해 사람들은 그만큼 더 열심히 일해야 했어. 게다가 경쟁에서 뒤처져 사라져 버리는 수많은 기업들이 있었으니, 그런 회사에서 일하던 사람들은 새로운 일자리를 찾느라 어려움을 겪어야 했어.

　농사를 짓거나 원료를 캐내는 일을 하던 사람들의 형편은 별로 나아지지 않았어. 공산품에 비해서 농산물이나 원료를 생산해서 얻는 이익은 크지 않았기 때문이지. 그래도 이런 사람들의 형편은 아시아나 아프리카처럼 산업 혁명에 성공하지 못한 지역의 사람들보다는 나았어. 값싸고 질 좋은 유럽과 미국 제품이 밀려들어 오면서 옛날 방식대로 손으로 물건을 만들던 사람들은 일자리를 잃었지. 즉, 모든 사람들이 기술 발달과 경제 성장의 혜택

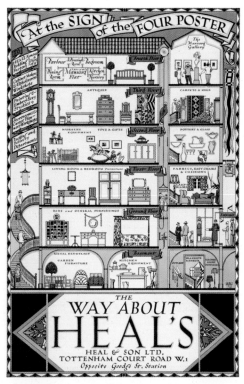

19세기 생활용품 판매를 알리는 미국의 대형 상점 광고이다. 19세기에는 다양한 생활용품이 쏟아져 나와 사람들의 생활이 크게 편해졌다.

을 골고루 누린 것은 아니었단다.

그래도 한 가지 분명한 사실은 이 무렵 미국과 유럽뿐만 아니라 세계 여러 나라 사람들의 생활 수준이 차츰 나아지고 있었다는 거야. 가령 예전에는 희미한 촛불이나 가스등 아래서 저녁 시간을 보내야 했다면, 이제는 토머스 에디슨이 발명한 백열등을 환하게 켤 수 있었지. 집안일을 하느라 지쳤던 여성들은 재봉틀, 전기다리미, 전기세탁기 덕택에 수고를 덜었어.

사람들의 생활 환경도 훨씬 좋아졌어. 그 전만 하더라도 대부분의 사람들은 잘 씻지 않았고, 오물이 생기면 집 밖으로 마구 버리거나 농사지을 때 비료로 이용했어. 그러다 보니 길거리는 늘 지저분했고 냄새가 진동했지. 그런데 수세식 화장실과 비누가 널리 쓰이고 화학비료가 나오면서 훨씬 더 쾌적하게 살 수 있었어.

또 사람들은 기차나 전차, 나중에는 자동차를 타고 편안하고 자유롭게 여행을 떠날 수도 있게 되었어. 이런 생활은 불과 몇 십 년 전만 하더라도 귀족 등 일부 특권층이 아니면 꿈도 꾸지 못하던 것이었어. 그런 생활을 많은 사람들이 누릴 수 있게 된 거야.

초기의 자동차인 세 바퀴 자동차를 탄 카를 벤츠와 동료이다. 벤츠는 자동차의 발전에 큰 역할을 했다.

하나의 불꽃이 들불처럼 타오르다

만약 당신이 우리를 처형하여 노동 운동을 잠재울 수 있다고 생각한다면, 우리의 목을 가져라! 가난과 불행과 힘겨운 노동으로 짓밟히고 있는 수백만 노동자의 저항 운동을 없애겠다는 말인가! 그렇다. 당신은 불꽃 하나를 짓밟아 버릴 수 있다. 그러나 당신 앞에서, 뒤에서 모든 곳에서 끊일 줄 모르는 불꽃은 들불처럼 타오르고 있다. 그것은 들불이다. 당신이라도 이 들불을 끌 수 없을 것이다.

19세기 말, 미국의 노동 운동가인 오거스트 스파이즈가 재판을 받으며 한 말의 일부이다. 스파이즈는 1886년 5월 1일 미국 노동자들과 함께 노동 조건 개선을 외치며 파업을 벌였다. 그런데 이 파업에서 경찰이 쏜 총에 맞아 어린 소녀와 노동자들 6명이 숨졌다. 다음 날 노동자들은 더 큰 규모로 시위를 벌였는데, 시위 중 폭탄이 터지자 집회를 이끈 노동 운동가 8명이 잡혔다. 이때 잡힌 스파이즈는 사형 선고를 받아 죽었다. 그 뒤 지금까지 세계 여러 나라에서 노동자들은 이들의 죽음을 기려 매년 5월 1일 집회를 여는데, 이날을 메이데이라고 부른다.

루브르 박물관에서 작품을 감상하는 사람들.

미술 작품, 음악, 소설, 시 등을 가리켜 예술이라고 불러. 200년 전만 해도 예술은 학식이 있거나 부유한 사람들만 접하고, 즐길 수 있는 것으로 여겨졌어. 그런데 19세기에 들어서면서 돈이 없어도 예술 작품을 접할 기회가 열리기 시작했지. 배우지 못한 사람들도 쉽게 접할 수 있는 새로운 예술이 나타났어. 그야말로 대중이 문화와 예술을 즐길 수 있는 시대가 찾아온 거야.

대중 문화와 예술의 발달

대중이 문화를 원하다

19세기에 미국과 유럽에서 기술이 발전하고 경제의 규모가 커지면서 사람들의 생활 수준이 조금씩 나아졌어. 경제 발전은 모든 사람들의 생활을 끌어올렸지만, 그중에서도 중간 계급이 가장 큰 혜택을 봤어.

중간 계급은 토지를 소유한 귀족들과, 공장이나 농촌에서 일하는 노동자들의 사이에 있는 사람들을 말해. 상인, 공장 주인, 변호사, 의사, 공무원 같은 사람들과 그 가족들이 여기에 속하지. 중간 계급을 한마디로 어떤 사람들이라고 이야기하는 건 참 어렵지만, 그래도 다른 사회 집단과 구별되는 특징을 짚어 볼 수는 있어.

가장 눈에 띄는 특징이라면, 중간 계급은 아무 일도 하지 않고 토지에서 나오는 수입만으로 편안하게 살아가는 귀족들과는 달리 열심히 일한 대가로 살아간다는 점이야. 또, 겨우겨우 생계를 꾸려 가는 수많은 노동자들과 달리 다른 사람의 눈치를 보지 않고도 살아갈 만한 직업과 재산이 있었지.

한마디로 경제적 독립이 가능했다는 건데, 바로 그 점 때문에 미국 혁명이나 프랑스 혁명처럼 중요한 정치적 사건이 일어났을 때 중간 계급은 자기 권리를 소리 높여 주장할 수 있었지.

이렇게 경제적·정치적 지위가 오르자, 중간 계급은 귀족처럼 소수의 엘리트만 누려 온 고급 예술을 누리고 싶어졌어. 중간 계급이 다른 나라에 비해 일찍 등장한 영국이나 프랑스에서는 18세기 중반부터 이런 변화가 나타났지.

이 사람들은 신문이나 잡지를 읽어 세상 돌아가는 사정에 밝았어. 또 역사책이나 철학책뿐만 아니라 소설도 열심히 읽었고, 연극이나 음악회도 자주 찾아다녔어. 그러다 보니, 모차르트나 베토벤 같은 유명한 음악가들은 왕족이나 귀족의 후원을 받는 동시에, 중간 계급을 위한 음악회에서도 작품을 선보이면서 인기를 얻었지.

19세기 중반쯤 되자, 중간 계급 가운데 부유한 사람들이 예술 활동에 엄청난 돈을 쓰기 시작했어. 희귀한 옛날 책이나 그림과 조각 같은 미술 작품을 사 모으고, 전시회를 찾는 데도 열을 올렸어. 이런 사람들 덕분에 음악회나 연극 공연 표가 불티나게

많은 사람들이 극장에서 오페라를 감상하고 있다. 19세기에 유럽의 큰 도시에는 오페라를 공연하는 극장이 여럿 생겨 시민들이 오페라를 많이 찾았다.

팔렸어.

중간 계급은 주로 도시에 살았어. 중간 계급을 가리키는 '부르주아지'라는 말도 원래는 중세 도시의 성벽 안쪽에 사는 사람들을 가리키는 말이야. 중간 계급이 힘을 얻으면서 예술 작품과 예술 활동에 관심을 점점 쏟게 되자 도시의 모습도 변해 갔어.

영국이나 네덜란드처럼 18세기에 이미 상업과 산업이 발전하고 도시가 빠르게 성장하던 나라에서 중간 계급은 자기가 사는 도시에 극장, 도서관 따위를 세우는 것으로 문화적인 힘을 자랑하곤 했지.

19세기 중반 이후에는 이런 요구가 더 거세졌고, 그 덕택에 런던이나 파리 같은 대도시들뿐만 아니라 작은 지방 도시에도 각종 문화 시설이 생겼어. 이제는 궁궐이나 귀족의 대저택이 아니라 공공 도서관, 미술관, 박물관, 극장, 오페라 공연장 같은 시설들이 도시의 자랑거리가 되었어.

물론 그렇다고 해서 중간 계급에 속한 사람들이 모두 예술에 관심을 보였던 것은 아니야. 또, 중간 계급 밑의 노동자들이라고 예술에 관심이 전혀 없었던 것도 아니지. 사실, 중간 계급이 예술에 큰 관심을 보인 덕분에 가난한 사람들에게도 예술 작품을 접할 수 있는 길이 열렸어. 예컨대, 그림에 관심이 있는 사람이라면 그림을 직접 살 수도 있겠지만, 곳곳에 들어선 미술관에 가 보는 것도 방법이지 않겠어? 실제로 영국 국립 미술관의 경우 1848년에는 9만 명 정도가 찾았는데, 1870년대 말이 되면 무려 40만 명의 관람객이 다녀갔어.

미술관에 직접 가기 어려운 사람들에게는 더 반가운 소식도 있었어. 1850년대부터 복사 기술이 크게 발전해서 원작과 구별하기 어려울 정도로 비슷

영국 국립 미술관
1824년, 38점의 작품을 전시하는 것으로 시작한 영국의 첫 국립 미술관이다. 작품의 수가 점차 늘어나 현재 2,000여 점이 전시되고 있다. 르네상스 초기부터 19세기 말까지의 서유럽 회화들이 주요 전시품이다. 회화 작품만을 놓고 볼 때 프랑스 루브르 박물관에 결코 뒤지지 않는 규모다.

한 복제 그림이 시장에 나왔어. 이제 돈이 많지 않아도 마음에 드는 작품의 복제화를 시장에서 사다가 집을 장식할 수 있었지.

예술이 평범한 사람들의 일상에 주목하다

중간 계급이나 하층민이 예술에 관심을 기울이자 예술가의 처지도 달라졌지. 예전에는 모차르트나 베토벤 같은 천재적 음악가들도 먹고살려면 부유한 귀족의 도움이 꼭 필요했어. 따라서 귀족의 눈치를 볼 수밖에 없었어.

그런데 중간 계급이 예술 작품을 원하기 시작하면서 상황이 바뀌었어. 귀족의 뒷받침을 받지 않고도 작품을 시장에 내다 팔거나 공연을 벌여 먹고살 수 있었어. 심지어 부유한 예술가들도 나타났지. 다시 말해 귀족의 눈치를 보지 않고도 예술 활동을 펼칠 수 있는 시대가 온 거야.

그러면서 예술가에 대한 사람들의 생각도 자연스럽게 달라졌어. 돈을 많이 벌어 마음껏 돈을 쓰는 것이 목표가 된 물질 만능의 사회에서 예술가는 정신적인 가치를 일깨워 주고, 인간의 삶과 자연의 비밀을 이야기해 주는, 그야말로 '천재'로 받아들여지기 시작한 거야.

예술을 즐기고 원하는 사람들이 늘어나고, 예술가를 존경의 눈으로 바라보게 되면서 예술가들이 하고자 하는 이야기도 달라졌어. 18세기 초부터 유럽에는 계몽주의가 사회를 휩쓸었는데, 이성의 힘을 매우 강조했어. 그래서 예술도 질서와 규칙을 중요하게 여겼지.

그런데 18세기 말부터 19세기 초에는 인간의 개성, 특히 감정과 상상력을 중요하게 여기는 예술가들이 나타났어. 이들을 낭만주의 예술가라고 해. 낭만주의 예술가들은 특히 자연을 대할 때 우리가 느끼는 놀랍고 신비로운 감정 등을 정열적으로 전달하기 위해 애썼어.

19세기 중반 즈음에는 자연의 숭고한 아름다움을 넘어 세상을 있는 그대로 보여 주려는 예술가들이 나타났어. 이들을 사실주의 예술가라고 부른단다. 잘 짜인 형식을 따르지 않는다는 점에서 사실주의 예술가의 생각은 낭만주의 예술가와 통하지만, 우리가 살아가며 경험하는 현실을 그대로 정직하게 드러낸다는 점에서 낭만주의 예술가와 달랐어.

사실주의 예술가들은 자연뿐만 아니라 평범한 사람들의 생활로 관심을 돌렸지. 귀스타브 플로베르라는 소설가는 중간 계급의 삶을 숨김없이 보여 주면서, 중간 계급의 풍요로운 삶 뒤에 도사리고 있는 불안과 모순을 고발했어.

또 경제가 빠르게 발전하는 동안에도 그 혜택을 누리지 못하는 하층민 역시 예술

쿠르베의 「돌 깨는 사람」이다. 쿠르베는 현실의 모습을 있는 그대로 그려 사회의 어두운 면을 고발하고, 사람들의 의식과 사회를 바꾸려고 노력했다.

가들의 관심을 받았어. 오노레 드 발자크나 에밀 졸라, 찰스 디킨스 같은 소설가들은 깨끗하지 않은 환경 속에서 매일매일 힘들게 살아가는 노동자들의 삶을 이야기했어. 미술에서는 귀스타브 쿠르베, 음악에서는 조르주 비제 등이 비슷한 주제를 다뤘어.

새로운 예술이 나타나다

자연을 있는 그대로 보여 주는 것, 좀 어려운 이야기로 하면 3차원의 세계를 2차원인 평면 화폭에 옮겨 담는 것은 유럽의 화가들이 아주 오랫동안 고민해 온 문제야.

그런데 19세기 중반에 사진이 본격적으로 퍼지기 시작하더니, 화가들의 이런 고민을 단번에 해결해 버리는 것 같았어. 아직까지 색깔은 옮기지 못했지만, 그것만 빼면 사진만큼 눈에 보이는 것을 그대로 보여 주는 것이 어디 있겠어. 그러니 이제 화가들이 할 일이 무엇인지 고민할 수밖에 없었지.

이런 고민 끝에 나타난 새로운 흐름이 1870년대에 등장한 인상주의야. 인상주의 화가들 역시 일요일의 외출, 군중의 춤, 거리, 경마장처럼 일상적인 풍경을 주제로 삼았어. 사실주의 화가들과 다른 점은, 빛이 사물에 비춰졌을 때 사람의 눈이 그것을 어떻게 받아들이는지를 화폭에 담았다는 거야.

클로드 모네, 오귀스트 르누아르 등이 시작한 인상주의 운동은 나중에 더욱 더 실험적인 모습을 보였어. 예를 들어 폴 세잔은 사물의 형태를 기하학적 모양으로 바꾸어 표현하고, 원근법을 버렸어. 또 빈센트 반 고흐나 폴 고갱은 인간의 격렬한 감정을 화폭에 옮기려고 노력했어.

사진

1839년 루이 다게르가 은판 사진을 발명했는데, 이것이 실용적인 사진의 시작이다. 처음에는 사진 한 장을 찍는 데 시간이 너무 오래 걸리고 불편해 널리 쓰이지 않았다. 1851년 영국의 프레더릭 아처가 빠르게 찍고 간단하게 인화하는 기술을 개발하면서 널리 쓰였다.

여기서 한 걸음 더 나아가, 사물을 있는 그대로 보여 준다는 유럽 미술의 오랜 목표를 아예 버리고 인간의 마음을 표현하려고 노력한 작가들도 있어. 대표적으로 에드바르 뭉크를 들 수 있는데, 그는 "예술은 자연의 반대"라고 이야기하면서, "예술 작품은 인간의 마음 깊은 곳에서만 나온다."라고 했어. 이런 흐름은 20세기 초 파블로 피카소나 바실리 칸딘스키에 이르면 더욱 뚜렷해졌지.

　문학에서도 사실주의를 넘어서려는 움직임이 나타났어. 문학이 인간의 삶을 있는 그대로 묘사할 것이 아니라 그 너머에 있는 아름다움 자체를 좇아야 한다는 움직임이 등장했던 거지.

　특히 진정한 아름다움은 오직 정신으로만 느낄 수 있고, 그런 정신을 지닌 사람들만 알아볼 수 있도록 암호 같은 상징적인 언어로 전달해야 한다는 생각이 힘을 얻었어. 스테판 말라르메, 폴 베를렌 같은 프랑스의 시인들이나 윌리엄 예이츠, 오스카

에드바르 뭉크(왼쪽)와 그의 대표작인 「절규」(오른쪽)이다. 뭉크는 인간의 내면을 그림으로 표현하려고 애쓴 대표적인 화가이다.

와일드 같은 아일랜드의 작가들이 대표적이지.

유럽의 예술가들은 19세기에 중간 계급을 비롯해서 대중이 예술을 원하면서 비로소 평범한 사람들의 일상에 관심을 기울였어. 그런데 19세기 말의 예술가들은 이제 그것으로부터 벗어나야만 새로운 것을 찾을 수 있다고 생각한 거야. 그러면서 예술이 지닌 아름다움 그 자체를 찾고 표현하는 데 더 많은 노력을 기울였어. 이런 노력 덕택에 예술가들의 창조성은 더욱 빛을 발했어.

그렇지만 좋지 않은 점도 있었단다. 예술 작품이 점점 더 어려워져서 평범한 사람들은 비평가의 설명 없이는 작품을 이해하기 힘들어진 거야. 그러자 이제 사람들은 어려운 작품보다는 좀 더 쉽게 이해하고 즐길 수 있는 새로운 것을 원하기 시작했어. 대중 소설, 대중 가요, 뮤지컬, 영화 같은 대중 예술은 이렇게 해서 힘을 얻어 갔어.

류미에르 형제가 만든 시네마토그래프라는 초기 영사기이다. 류미에르 형제는 에디슨의 키네토스코프에 자극받아 영사막을 사용하는 시네마토그래프를 발명하였다. 1903년에는 삼색 컬러 사진도 발명하였다.

살아 있는 예술 작품을 만들어야 한다

민중에게 올바른 그림을 보여 주고 그들에게 진정한 역사를 가르치려면 예술을 새롭게 바꾸어야 한다. (…) 진정한 역사는 갖가지 거짓과 굴레에서 벗어난 역사이다. 진실을 그리려면 지금 여기를 향해 열린 시선이 필요하다. 요컨대 머리가 아니라 눈으로 바라보아야만 하는 것이다. (…) 스스로의 눈과 머리로 풍속, 사상, 시대의 모습을 이해하고, 단지 화가일 뿐 아니라 한 인간이 될 것, 다시 말해 살아 있는 예술 작품을 만들어야 한다.

19세기 프랑스의 사실주의 화가인 쿠르베가 한 말이다. 쿠르베는 실제 체험을 바탕으로 실제 모습을 꾸미지 않고 정직하게 그리는 사실주의 운동을 앞장서서 이끈 대표적 화가이다. 그는 신화 속의 영웅이나 눈으로 볼 수 없는 천사, 거짓으로 꾸며진 인물들이 아니라 생활 속에서 만날 수 있는 평범한 사람들의 모습을 있는 그대로 그려야 한다고 주장했다. 쿠르베의 주장은 당시 많은 화가에게 큰 영향을 끼쳤다.

모둠 전시관
19세기 인상주의 전시회

19세기에 유럽에는 뛰어난 문학가, 음악가, 미술가가 쏟아져 나왔어. 이들은 예전보다 훨씬 자유롭게 변화를 추구하고 실험을 하며 뛰어난 작품들을 많이 남겼단다. 그리고 낭만주의, 사실주의, 인상주의 같은 새로운 예술 운동을 이끌었지. 그 가운데 19세기 말에 시작된 인상주의는 신인상주의, 후기 인상주의로 발전해 가며 20세기 세계 예술 발전에 큰 영향을 미쳤단다.

에두아르 마네의「풀밭 위의 점심」
인상주의 운동의 시작을 알리는 작품으로 꼽힌단다. 알몸으로 풀밭에 앉아 있는 여성을 신선하고 밝은 색깔과 색의 대비를 통해 표현했어.

조르주 쇠라의「서커스」
서커스 공연에서 말을 타고 묘기를 부리는 소녀와 관객의 모습을 그렸어. 원색의 물감으로 색점을 찍어 칠했지만, 그림을 보는 우리의 머릿속에서는 색깔이 섞여 있는 것처럼 보이지.

폴 세잔의「정물」
세잔은 더 완전한 쟁반의 모습을 보여 주려고 위에서 내려다본 시각으로 쟁반을 그렸어.

클로드 드뷔시의「목신의 오후에의 전주곡」
드뷔시는 인상주의 음악을 완성한 사람으로 꼽혀.「목신의 오후에의 전주곡」은 프랑스의 시인 말라르메의 시에 바탕을 둔 작품으로, 음을 감각적으로 구성해 꿈꾸듯 아름답고 신비로운 느낌을 전하고 있지.

알퐁소 도데의「별」
알퐁소 도데는 밝고 감미로운 정취와 뛰어난 풍자로 호평을 받았어.「별」은 단편 소설로, 순박한 젊은 목동이 한 아가씨에게 청순한 사랑을 느낀다는 내용이야. 별이 빛나는 밤하늘의 아름답고 신비로운 분위기가 담겨 있지.

인상주의 시대를 연 화가들

프랑스의 모네, 르누아르, 드가 같은 화가들은 빛에 따라 달리 보이는 순간적인 느낌을 표현할 때 전통적 방식에 얽매이지 않았어. 사물의 모양도 뚜렷하게 그리기보다 가장 중요하다고 생각하는 순간의 인상을 빠른 붓질로 그렸단다. 세상 만물은 빛에 의해 그 모양이 드러나고 빛의 강약에 따라 모양과 느낌이 달라진다고 생각했기 때문이야.

클로드 모네의 「수련」
출렁이는 연못 물 위에 반사되는 하늘과 솜털처럼 부드러운 구름이 어우러진 주변 풍경을 그렸어. 빛에 따라 계속 바뀌는 사물의 모습과 느낌을 잘 표현했지.

에드가 드가의 「스타」
대담한 구성이 돋보이는 작품이야. 위에서 아래를 내려다보는 구도인데, 발레리나의 모습을 위에서 보는 듯한 느낌을 전해 주지.

인상주의의 변화를 이끈 화가들

프랑스의 화가 쇠라와 시냐크 등은 물감을 섞으면 색깔이 탁해져서 찬란한 빛을 제대로 살릴 수 없다는 사실을 깨달았어. 그래서 색깔을 섞지 않고 원색의 물감을 색점으로 찍어 칠했어. 그래서 이들을 신인상주의 화가 혹은 점묘파라고 불러. 19세기 말에서 20세기 초에 고흐, 고갱, 세잔 등은 강렬한 색과 붓끝으로 자신의 내면세계와 개성을 좀 더 드러내는 방향으로 인상주의를 한걸음 더 밀고 나갔지. 그래서 이들을 후기 인상주의 화가라고 부르는데, 피카소, 마티스 등 20세기 현대 미술가들에게 큰 영향을 미쳤단다.

빈센트 반 고흐의 「별과 달이 빛나는 밤」
고흐는 자신이 느낀 감동에 따라 모양이나 색채를 과장하거나 비틀어 그리는 것을 주저하지 않았단다.

라이너 마리아 릴케의 「가을날」
릴케는 20세기 최고의 독일어권 시인으로 꼽혀. 「가을날」은 낙엽이 떨어지는 가을 모습에서 얻은 순간적 느낌을 신비롭게 묘사하여, 신과 인생의 의미를 조용히 되돌아보게 만드는 시란다.

인상주의의 영향을 받은 음악가, 문학가

미술에서 시작된 인상주의 운동은 음악과 문학에도 영향을 미쳤어. 19세기 말 프랑스의 작곡가인 드뷔시는 자극적인 음을 사용하고 율동이 넘치는 곡을 많이 작곡해 인상주의 음악의 길을 열었어. 인상주의 그림이 빛을 중요하게 여기듯이 드뷔시는 음악에서 감각을 중요하게 다루었어. 인상주의의 영향을 받은 문학가로는 프랑스의 소설가 도데, 독일의 시인 릴케 등이 있어.

세계를 바꾼 과학자와 발명가들

위대한 미생물학자 루이 파스퇴르
(1822. 12. 27 ~ 1895. 9. 28)

프랑스의 과학자로, 화학과 물리를 공부하고 1849년에 교수가 되었다. 그 뒤 발효와 부패에 관해 연구하여 효모의 작용으로 발효가 일어난 다는 사실을 밝혀냈다. 그리고 저온 살균법을 개발하여 프랑스의 포도주 제조 기술을 크게 끌어올렸다. 탄저병, 산욕열, 패혈병 등의 병원 체를 밝혀내 예방 접종의 효능을 증명했고, 광 견병 백신을 개발해 전염병 예방에 큰 공을 세 웠다.

세계를 놀라게 한 발명왕 토머스 에디슨
(1847. 2. 11 ~ 1931. 10. 18)

미국의 발명가로 1,000종 넘게 발명을 했다. 집 안 형편이 어려워 열두 살 때부터 기차 안에서 신문을 팔았으나, 어느 날 기차 안에 만든 실 험실에서 불이 나는 바람에 쫓겨나고 말았다. 1869년까지 전신 기사로 일하면서 많은 지식을 쌓아 나갔다. 또 영국의 과학자인 패러데이의 책에서 큰 감명을 받아 전기학을 공부하였으며, 이때 투표 기록기 등을 발명했다. 이후 축음기, 백열전등, 토키 영사기, 촬영기, 축전기 등 헤아 릴 수 없이 많은 발명을 했다.

독일의 자동차 왕 카를 벤츠 (1844. 11. 25 ~ 1929. 4. 4)

처음으로 실용적인 자동차를 설계하고 만든 기술 자이다. 1883년에 자신의 이름을 따 벤츠 자동차 회 사를 세웠으며, 1884년에 는 세계에서 처음으로 전 기 점화 장치가 달린 2행정 가스 기관을 만들었다. 이 어 세계 최초로 가솔린 자 동차인 3륜 자동차와 4륜 자동차를 잇따라 개발했다.

전화기를 발명한 과학자 알렉산더 그레이엄 벨
(1847. 3. 3 ~ 1922. 8. 2)

스코틀랜드에서 태어난 벨은 대학에서 의학을 공부하고 청각 장애 어린이들을 가르치기도 했다. 1872년에는 미국 보스턴에서 청각 장애 인 교사들을 위한 농아 학교를 열었고, 이듬해 보스턴 대학교의 음성 생리학 교수가 되었다. 이 무렵 벨은 음성 연구와 더불어 전기를 통한 소리 전달에 대해서도 연구하고 있었 다. 그러다 1875년 마침내 말을 전기로 전달하는 데에 성공하 여, 이듬해 전화에 관한 특허 를 받았다. 축음기 개량, 비 행기 연구, 과학 잡지 『사이 언스』 창간 등의 업적을 남 겼다.

20세기 하늘을 연 비행기의 아버지 라이트 형제 (형 윌버 1867. 4. 16 ~ 1912. 5. 30, 동생 오빌 1871. 8. 19 ~ 1948. 1. 30)

동력 비행기의 비행에 처음으로 성공한 미국의 발명가 형제이다. 형제는 기계 완구와 자전거 가게를 운영하다가 비행기 연구에 뛰어들었다. 글라이더 시험 비행을 계속하다가 글라이더 기체에 직접 만든 가솔린 기관을 달고, 1903년 12월 17일 키티호크에서 처음으로 동력 비행기 비행에 성공했다. 그 뒤 비행기 기체와 엔진 제작에 힘을 쏟으며 미국 각지를 돌면서 비행 시범을 보였다.

무선 전신을 개발한 발명가 굴리엘모 마르코니 (1874. 4. 25 ~ 1937. 7. 20)

이탈리아 출신의 전기 공학자로 무선 전신을 발명했다. 수많은 실험과 실패 끝에 1895년, 드디어 자신의 집에서 멀리 떨어진 언덕까지 전신을 보내는 데 성공했다. 1897년에는 영국 해협을 사이에 두고 영국에서 프랑스로 무선 통신을 보내는 데 성공했으며, 1901년에는 역사상 최초로 대서양을 건너 캐나다와의 무선 통신에 성공했다. 1909년 진공관을 발명한 독일의 브라운과 함께 노벨 물리학상을 받았다.

역 사 용 어 풀 이

보호 무역(保護貿易 : 지킬 보, 감쌀 호, 바꿀 무, 바꿀 역) 한 나라의 정부가 그 나라의 산업을 보호하기 위해 간섭하는 정책을 쓰는 국제 무역. (105쪽)

중화학 공업(重化學工業 : 무거울 중, 될 화, 학문 학, 만들 공, 일 업) 중공업과 화학 공업을 통틀어 이르는 말. 중공업은 제철·조선·기계·차량 등 부피에 비해 무게가 나가는 물건을 만드는 것이고, 화학 공업은 화학 반응을 바탕으로 물질을 만드는 공업임. (105쪽)

내연 기관(內燃機關 : 안 내, 불타오를 연, 틀 기, 장치 관) 기관의 내부에서 연료가 탈 때 생기는 에너지를 직접 이용하여 기계를 움직이는 기관. 사용하는 연료에 따라 가스 기관, 석유 기관, 디젤 기관 등으로 나뉨. (109쪽)

민권 운동(民權運動 : 백성 민, 권력 권, 움직임 운, 움직일 동) 왕이나 소수가 모든 권력을 쥐고 휘두르는 정치를 반대하고, 국민의 자유와 권리를 키우려는 정치 운동. (117쪽)

문자 해독률(文字解讀率 : 글월 문, 글자 자, 풀 해, 읽을 독, 비율 률) 어려운 문구를 읽고 그 내용을 이해하는 사람들이 전체에서 차지하는 비율. (122쪽)

매체(媒體 : 다리 놓을 매, 몸 체) 무엇을 한쪽에서 다른 쪽으로 전달하거나 퍼뜨리는 역할을 하는 것. 혹은 의사소통이나 예술 표현의 도구. (124쪽)

낭만주의(浪漫主義 : 물결 낭, 넘쳐 흐를 만, 주장할 주, 뜻 의) 19세기 초에 유럽을 휩쓴 예술의 흐름이나 운동으로, 개성과 감정을 중시함. 영어의 '로맨티시즘'을 한자로 옮긴 말. (132쪽)

사실주의(寫實主義 : 베낄 사, 실제 실, 주장할 주, 뜻 의) 공상이나 이상을 물리치고 자연과 인생 등을 있는 상태 그대로 충실히 그려 내자는 주장. (133쪽)

인상주의(印象主義 : 찍을 인, 모양 상, 주장할 주, 뜻 의) 회화나 조각에서 자연에 대한 순간의 인상을 중요하게 생각하고, 여러 가지 기교를 부려 인상을 그대로 표현하려는 주장. 19세기 후반 프랑스를 중심으로 일어났음. (134쪽)

4 전쟁과 혁명으로 소용돌이치는 지구촌

1910
대한제국, 주권 상실
멕시코 혁명 발생

1914
제1차 세계 대전
발생(~1918년)

1917
러시아 혁명 발생

1919
한국, 3·1 운동 발생

1929
세계 경제 공황
발생

탐욕이 일으킨 전쟁

유럽 나라들이 편을 갈라 싸우다
한 발의 총알이 전쟁의 불씨를 당기다
전후방의 경계가 무너지다
[역사 타임캡슐] 우리는 더 많은 식민지가
필요하다

러시아 혁명이 던진 충격

러시아에 첫 사회주의 정부가 들어서다
민족 해방 운동이 활기를 띠다
자본주의 사회가 변하다
[역사 타임캡슐] 사람들에게 일자리를
주어야 합니다
[모둠 전시관] 민족 해방 운동의 시대

파시즘이 일으킨 광기의 전쟁

파시즘이 나타나다
전 세계가 전쟁에 휘말리다
전쟁 이후의 세계
[역사 타임캡슐] 나는 이 넓은 세상에
외톨이입니다
[모둠 전시관] 세계 대전과 대량 살상 무기

중국과 새로운 독립국들

중국에 공산주의 정부가 들어서다
아시아 나라들이 독립을 선언하다
아프리카가 깨어나다
[역사 타임캡슐] 농민들은 해방의 길로
나설 것이다

[세계사 사전] 전쟁과 혁명의 주역들

1933
미국, 뉴딜 정책
실시

1939
제2차 세계 대전
발생(~1945년)

1947
미국, 마셜 계획
실시

1949
중화 인민 공화국
건국

제1차 세계 대전 때 활약한 프랑스 전차.

1914년 6월 보스니아의 사라예보에서 인류의 운명을 가를 총성이 울렸단다. 극단적인 세르비아 민족주의자가 이곳을 방문한 오스트리아 황태자 부부를 향해 겨눈 거였어. 황태자 부부가 암살당하자 오스트리아는 세르비아에 전쟁을 선포했어. 그러자 러시아가 세르비아 편을 들었고, 독일은 오스트리아와 손을 잡았지. 영국과 프랑스, 나중에는 대서양 건너편의 미국까지 편을 갈라 전쟁에 뛰어들었어. 세계 대전이 일어난 거야.

탐욕이 일으킨 전쟁

나폴레옹 전쟁이 끝난 19세기 초 이후, 백 년가량 유럽은 대체로 평화로웠어. 여기에는 최초의 산업 국가이자 거대한 제국을 이룬 영국이 큰 역할을 했어.

영국은 자기 나라 상품을 팔기 위해 전쟁을 피하고자 했어. 또 외교를 잘해서 다른 어느 한 나라의 힘이 세지지 않도록 조율했단다. 당시 독일이나 이탈리아는 여전히 나뉘어 있었으니, 프랑스 말고는 유럽 대륙에 큰 나라가 없었던 것도 평화를 유지하는 데에 도움이 되었어.

그런데 1861년에 이탈리아가, 1871년에 독일이 뒤늦게 통일 국가를 이루면서 상황이 달라졌어. 특히 독일이 빠르게 산업화하면서 유럽의 세력 균형이 바뀌어 갔어. 유럽 중심부에 영토가 넓고 인구가 많으며, 산업까지 발전한 나라가 등장했으니 당연한 일이었지.

독일도 통일을 이루고 난 뒤 처음에는 어떻게 하든 전쟁을 피하면서 새로운 세력 균형을 만들어 내고자 했어. 이를 위해 독일의 재상 비스마르크는 오스트리아, 러시아 등과 손을 잡았어. 그러다 러시아가 발칸 반도 문제로 떨어져 나가자, 1882년에 오스트리아, 이탈리아와 삼국 동맹을 맺기도 했단다. 그 덕분에 20년 정도 평화가 유지되었지.

하지만 1891년에 비스마르크가 물러나고 빌헬름 2세가 직접 통치하면서 상황이 바뀌었어. 빌헬름 2세는 비스마르크와 달리 외교보다는 힘을 앞세웠어. 그리고 식민지를 더 많이 차지하기 위해 영국, 프랑스와 여러 곳에서 부딪혔어.

우선 아프리카에서 대립하고 갈등을 빚었어. 독일은 아직 영국과 프랑스가 손에 넣지 못한 토고랜드, 카메룬, 독일령 동아프리카 등을 식민지로 만들었어. 1905년부터는 프랑스의 영향 아래 있던 북아프리카의 모로코에도 눈독을 들였어. 더 나아가 오스만 제국과 이라크 지역까지 힘을 뻗치려 했지.

독일이 세력을 뻗어 가자 영국과 프랑스는 서로 손잡고 맞섰단다. 모로코 같은 지역은 프랑스가 자기 영역이라고 생각했고, 오스만 제국과 이라크 등은 인도를 지배하는 영국이 양보할 수 있는 곳이 아니었거든.

손을 잡은 영국과 프랑스는 동쪽의 러시아도 끌어들였어. 이렇게 영국, 프랑스, 러시아가 손을 잡은 것을 삼국 협상이라고 불러. 이렇게 해서 유럽은 삼국 협상과 삼국 동맹이라는 두 진영으로 나누어지게 되었지.

삼국 협상 세력과 삼국 동맹 세력 사이에는 서로 식민지를 더 많이 차지하려는 경쟁이 불붙었고, 그만큼 갈등이 심해졌어. 그렇다고 당장 전쟁이 일어난 건 아니라서, 이때를 '무장한 평화' 시기라고 불러. 서로 무기를 겨누고 팽팽하게 맞서긴 했지만 아직 총을 쏘진 않았기 때문이지.

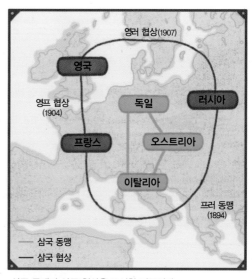

삼국 동맹과 삼국 협상을 표시한 지도이다.

하지만 이런 평화가 오래갈 리가 없었지. 유럽에는 불씨만 있으면 언제라도 터질 수 있는 화약고가 있었거든. 바로 발칸 반도 지역이야. 여러 민족이 살고 있던 발칸 반도는 오랫동안 오스만 제국의 지배를 받아 왔어. 19세기 말부터 여러 민족들은 오스만 제국의 지배에서 벗어나 독립 국가를 만들고 싶어 했어. 그런 데다 오스만 제국이 힘이 약해진 틈을 타서 오스트리아와 러시아가 이곳을 노렸어. 이처럼

1914년 발칸 문제를 풍자한 그림이다. 유럽 여러 나라들이 발칸 문제가 터지지 않도록 억누르고 있다.

발칸 반도는 안팎으로 복잡한 화약고였고, 언젠가는 결국 터져 버릴 운명이었단다.

한 발의 총알이 전쟁의 불씨를 당기다

발칸 반도라는 화약고는 말 그대로 한 발의 총알과 함께 터졌단다. 1914년 6월 28일, 보스니아의 중심 도시인 사라예보에서 오스트리아 육군이 군사 훈련을 하고 있었어. 오스트리아가 이 지역에 영향력이 있다는 것을 뽐내기 위한 훈련이었어. 오스트리아 황태자 부부까지 이 훈련을 보러 왔지.

이런 오스트리아의 행동을 발칸 반도 사람들은 당연히 못마땅하게 생각했어. 특히 발칸 반도에서 다수를 차지한 세르비아 인들은 크게 화가 났단다. 그들은 완전한 독립 국가를 만들고 싶은 욕구도 강했고, 무엇보다 자신들이 발칸 반도의 중심이라고

오스트리아 황태자 부부가 총에 맞아 쓰러지는 장면을 그린 기록화이다. 1914년 6월 28일 사라예보에서 울린 총성은 전 세계를 전쟁 속으로 몰아넣었다.

생각했어.

운명의 날인 6월 28일, 황태자 부부가 탄 차가 사라예보 시내를 지나갔어. 지붕이 없는 이 차가 교차로에서 속도를 줄였을 때 한 청년이 뛰어들어 황태자 부부를 향해 총을 쐈어. 세르비아계 사람이었던 이 청년은 현장에서 체포되었고, 황태자 부부는 죽고 말았단다.

황태자 부부가 암살당하자 화가 난 오스트리아는 세르비아에 전쟁을 선포했어. 그러자 러시아가 세르비아 편을 들었고, 다시 독일은 오스트리아와 손잡고 러시아에 전쟁을 선포했어. 뒤따라 이 전쟁에 영국과 프랑스가 끼어들어 독일에 선전 포고를 했고, 나머지 나라들도 저마다 편을 갈라 전쟁에 뛰어들었단다.

전쟁의 불길은 유럽의 반대편에 있는 동아시아까지 번졌어. 당시 일본은 영국과 동맹을 맺고 있었는데, 영국이 독일과 전쟁을 시작하자 일본도 싸우겠다고 나선 거야. 군사 동맹 때문에 자동적으로 전쟁에 뛰어들어야 했던 거지.

여기에 영국과 프랑스 등은 자기네가 지배하던 식민지까지 전쟁에 끌어들였어. 전쟁을 하는 데 사람과 물자가 많이 필요했기 때문이야. 영국은 인도인들을 끌어들였고, 프랑스는 아프리카 식민지인들을 내세웠단다. 이때 식민지 사람들은 전쟁에서 중요한 역할을 해내면 독립을 얻을 수 있겠다는 기대를 품고 참가했단다.

독일, 오스트리아와 삼국 동맹을 맺었던 이탈리아는 막상 전쟁이 시작되자 태도를 바꾸었어. 영국과 프랑스가 전쟁에서 승리하면 이탈리아 북쪽, 그러니까 오스트리아의 영토 일부를 넘겨주겠다고 했거든.

이탈리아는 나라가 만들어질 때부터 그곳을 자기 땅으로 생각하고 있었어. 그랬으니 이탈리아는 삼국 동맹을 저버리고 삼국 협상 쪽으로 붙었어. 삼국 협상 쪽으로 뭉친 나라들을 연합국이라고 해. 이와 달리 오스만 제국과 불가리아는 독일, 오스트리아 동맹에 참가했어.

이렇게 해서 30개가 넘는 나라가 전쟁을 벌이게 되었어. 그래서 사람들은 이 전쟁을 큰 전쟁이라는 뜻에서 대전(Great War)이라고 불렀단다. 제1차 세계 대전이라고 불린 건 나중에 제2차 세계 대전이 일어나고 나서야.

전후방의 경계가 무너지다

1914년 여름에 전쟁이 시작되었을 때 유럽 사람들은 대부분 전쟁이 얼마 가지 않을 거라고 생각했어. 하지만 예상보다 훨씬 길어져서 4년 넘게 이어졌어. 그것도 엄청난 피해를 낳으면서 말이야.

전쟁이 시작되자 독일은 대규모 군대를 벨기에와 프랑스 쪽으로 보냈어. 하지만 마른 강에서 영국군과 프랑스군에 막혀 더 이상 나가지 못했어. 그러면서 시간이 흘러가 버렸지.

독일이 처음 세운 계획은 6주 만에 프랑스를 손에 넣고, 재빨리 러시아로 군대를 보내는 것이었어. 그 계획이 어그러진 사이 러시아가 재빨리 독일 동쪽을 공격했어. 독일은 할 수 없이 동부 전선으로 군대를 보내야 했어.

독일군이 러시아군보다 무기나 병력에서 앞섰기 때문에 러시아 군대를 물리칠 수

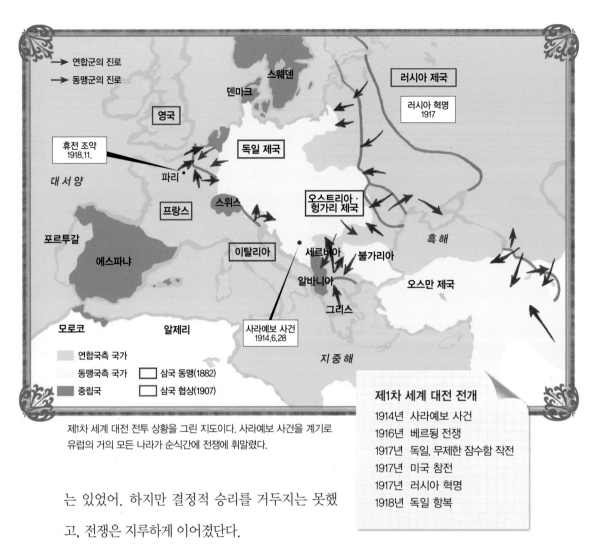

제1차 세계 대전 전투 상황을 그린 지도이다. 사라예보 사건을 계기로
유럽의 거의 모든 나라가 순식간에 전쟁에 휘말렸다.

제1차 세계 대전 전개
1914년 사라예보 사건
1916년 베르됭 전쟁
1917년 독일, 무제한 잠수함 작전
1917년 미국 참전
1917년 러시아 혁명
1918년 독일 항복

는 있었어. 하지만 결정적 승리를 거두지는 못했
고, 전쟁은 지루하게 이어졌단다.

전쟁이 팽팽하게 계속되는 동안 수많은 사람들이 목숨을 잃었어. 기관총과 대포를
대량으로 썼기 때문에 죽는 사람이 이전보다 훨씬 많아진 거야. 전차, 비행기, 독가
스 등이 처음으로 전쟁에서 사용되었고, 이 때문에 수많은 사람들이 죽거나 다쳤어.

전쟁이 시작된 지 5주 만에 50만 명이 죽었어. 그러다 보니 전쟁에 참가한 모든 나
라에서 성인 남자는 거의 다 전쟁에 나가야 할 정도가 되었단다. 전쟁의 그림자는 이
렇게 유럽 모든 곳에 드리워졌지.

이것만이 아니야. 전쟁을 계속하려면 엄청난 물자가 필요했어. 수많은 양의 총알

과 포탄을 만드는 것은 말할 것도 없고, 전쟁에 나간 수백만 명을 입히고, 먹이는 것도 보통 일은 아니었지. 남자들은 대부분 전쟁터로 나갔으니 여자들이 공장에서 일해야 했어.

한마디로 온 나라 사람들이 어떤 식으로든 전쟁에 참가하고 있었던 거야. 전방에 나가 싸우건, 후방에서 전쟁 물자를 생산하건 모두가 힘을 기울여 전쟁을 하고 있었던 거지. 이후 전후방이 따로 없다는 말도 생겼어.

유럽이 온통 전쟁의 불길에 휩싸여 있는 동안, 대서양 건너편의 미국은 겉으로는 어느 쪽 편도 들지 않았어. 하지만 뒤로는 연합국에만 전쟁 물자를 대 주었단다. 미국이라는 나라가 주로 영국인들이 건너가 만든 나라였으니 아무래도 영국 편을 들었

제1차 세계 대전 무렵, 프랑스와 벨기에의 서부 전선에서 가장 치열하게 벌어졌던 참호전의 모습이다. 제1차 세계 대전은 이전의 전쟁과는 완전히 다른 모습을 보였는데, 참호에서 싸우는 참호전도 그중 하나이다.

지. 또 미국으로서는 독일이 강해져서 유럽의 세력 균형이 바뀌는 게 달갑지 않았어.

그러니 독일은 미국에 미리 겁을 주어 전쟁에 참가하는 것을 막아야겠다고 생각했지. 독일은 자기들이 정한 항로 외의 항로를 오가는 모든 선박은 잠수함으로 공격하겠다고 발표했어. 국제법에 따르면 말도 안 되는 것이지만 독일로서는 그만큼 다급했던 거야.

처음에 독일의 무제한 잠수함 작전은 제법 성공을 거두었어. 하지만 민간인이 탄 배가 여러 차례 공격을 받아 가라앉자, 미국 안에서 독일과 싸워야 한다는 목소리가 높아졌단다. 결국 미국은 1917년 4월 연합국에 가담했어.

미국이 직접 뛰어들자 전쟁은 연합국에 유리하게 돌아가기 시작했지. 물론 전쟁이 길어지면서 독일이 지친 탓도 있어. 결국 1918년 11월, 독일이 항복하면서 제1차 세계 대전은 끝을 맺었단다.

제1차 세계 대전이 끝난 뒤 열린 파리 강화 회의에 참가한 연합국 지도자들이다. 연합국 지도자들은 파리 베르사유 궁전에서 전쟁이 끝난 뒤의 여러 문제를 의논했다.

우리는 더 많은 식민지가 필요하다

여러분, 우리는 더 큰 소리로 더 정직하게 말해야만 합니다. 능력이 앞선 인종들은 뒤떨어진 인종들을 지배할 권리가 있다는 것을 터놓고 말해야만 합니다. 왜냐하면 그들은 의무를 지고 있기 때문입니다. 우월한 인종에게는 능력이 뒤진 민족을 문명화해야 할 의무가 있습니다. (…) 우리 시대에 유럽 국민들은 너그럽고 위대하고 성실하게 문명을 발전시키는 드높은 의무를 다하고 있다고 나는 자신있게 말합니다. (…) 우리 같은 수준의 해군은 안전한 임시 항구, 방어 기지, 보급 기지를 갖추지 않는다면 쓸모가 없을 것이며, (…) 우리는 보급과 안전을 위한 장소, 방어와 군수를 위한 항구를 가져야만 합니다. 우리가 튀니지를 필요로 하는 것은 이 때문입니다. 사이공과 인도차이나를 가져야 하는 것도 이 때문이며 마다가스카르가 필요한 것도 이 때문입니다. (…) 우리 주변에서 계속 힘을 키워 가는 숱한 경쟁자들 틈에서 (…) 식민지에서 물러난다든가 식민지를 포기하는 정책을 취한다면 그것은 오직 나라가 망하는 지름길입니다.

19세기 말, 프랑스의 국회 의원인 쥘 페리가 식민지 정책이 필요하다고 주장한 국회 연설의 일부이다. 당시 유럽 나라들 사이에는 시장과 원료를 더 많이 차지하려고 경쟁이 심했는데, 페리는 다른 나라보다 적극적으로 식민지를 개척하지 않으면 나라가 망할 것이라고 주장했다. 자기네 이익을 위해서라면 다른 나라를 침략하는 것을 당연하게 여기는 당시 유럽 나라들의 생각이 잘 드러나 있다.

러시아 혁명을 기념하는 망치와 낫을 든 남녀 조각상.

19 17년 러시아에서 혁명이 일어나 세계에서 처음으로 사회주의 나라가 세워졌어. 러시아 혁명은 제1차 세계 대전이 끝난 뒤 제국주의 나라들의 지배에서 벗어나려고 애쓰던 여러 나라의 독립 운동에 큰 활기를 불어넣었단다. 그뿐 아니라 대공황으로 큰 어려움을 겪고 있던 미국과 유럽 나라들에도 변화를 가져왔지.

러시아 혁명이 던진 충격

러시아에 첫 사회주의 정부가 들어서다

1917년 3월 8일 러시아의 페트로그라드에서 많은 사람이 거리에 나와 시위를 벌였어. 독일과 2년 넘게 전쟁을 계속하던 때였지. 전쟁에 지쳐 있던 시위 참가자들은 한 목소리로 크게 외쳤어.

"빵과 평화를 달라!"

곧이어 공장 노동자들도 같은 목소리를 내며 파업에 들어갔어. 여느 때 같으면 차르가 군대를 동원해서 시위를 막았을 테지만, 이번엔 달랐단다. 전쟁에 지친 병사들까지 차르에 등을 돌리고 시위에 함께 나선 거야. 차르가 물러나는 수밖에 없었지. 이렇게 해서 러시아는 혁명의 소용돌이로 빠져들었단다.

당시 러시아는 여러 가지 문제를 안고 있었어. 우선 러시아는 영토가 매우 넓고 인구가 많은 나라인데, 차르라 불리는 황제 한 사람이 마음대로 다스리는 국가였어. 러시아 국민 대다수는 농민으로, 이들은 매우 어렵게 살아가고 있었어. 대부분의 땅은 귀족들이 가졌고, 농민들 몫은 얼마 없었기 때문이지. 한마디로 당시 유럽의 다른 나라들에 비교해 러시아는 뒤떨어진 나라였어.

19세기 말부터 러시아도 조금씩 산업화가 이루어졌어. 러시아 노동자들은 유럽의 다른 나라와 마찬가지로 낮은 임금과 장시간 노동에 시달렸지. 그에 따라 노동자들이 파업을 일으키는 등 갈등도 빚어졌어. 게다가 1904년 러시아가 일본과 전쟁을 벌였는데, 모두의 예상을 뒤엎고 러시아가 거듭 졌어. 국민들 사이에서는 무능한 정부에 대한 불만이 쌓여 갔어. 엄청난 전쟁 비용을 대느라 국민들은 점점 지쳐 갔지.

결국 러일 전쟁이 시작된 지 1년쯤 지난 1905년 1월, 러시아의 수도인 페테르부르크에 15만 명의 군중이 자신들의 요구를 적은 청원서를 내려고 차르가 사는 궁전 앞으로 모여들었어. 하지만 이들에게 돌아온 건 차르의 친위대가 쏜 총알이었고, 수백 명이 피를 흘리며 죽었단다. 이를 '피의 일요일' 사건이라고 해.

이후 전국에서 수많은 노동자들이 파업과 시위를 벌여 러시아는 혁명에 빠져들었지. 하지만 차르와 관리들은 그 이후에도 정신을 차리지 못했어. 차르를 비판하는 사람들은 무조건 잡아 가두고, 노동자들이 파업과 시위를 벌이면 힘으로 억눌렀지.

레닌의 초상화이다. 1917년 4월, 10년 만에 러시아로 돌아온 레닌은 10월 혁명을 성공으로 이끌었다.

제1차 세계 대전이 일어나기 전에 이처럼 러시아는 이미 부글부글 끓는 물과 같았어. 전쟁이 일어나자 모든 관심이 전쟁에 쏠렸기 때문에 잠시 진정된 것처럼 보였지. 하지만 전쟁이 길어지자 병사들은 말할 것도 없고, 모든 국민이 큰 고통에 시달리게 되었단다.

서서히 "전쟁 반대", "차르 반대"를 외치는 목소리가 나왔단다. 이런 목소리가 크게 터진 게 1917년 3월이야. 이 사태로 차르인 니콜라이 2세가 물러나고 임시 정부가 만들어졌어. 임시 정부는 주로 입헌주의자들로 이뤄졌는데, 이들은 너무 갑작스런 변화를 원하지 않았어. 그래서 군사 동맹을 깨지 않으려고 전쟁을 계속하겠다고 선언했지. 전쟁을 원하지 않아 차르를 물러나게 했는데, 전쟁을 계속하겠다고 하니 국민들이 분노할 수밖에 없었지. 게다가 지금껏 지배층으로 지내 온 귀족, 고위 군인 들은 러시아를 과거로 되돌리고 싶다는 속

내를 가지고 있었어. 정말로 러시아는 어디로 갈지 모르는 상황이었단다.

이때 블라디미르 레닌이 근본적 변화를 주장하며 볼셰비키당을 이끌고 들고일어나 임시 정부의 입헌주의자를 몰아내고 권력을 쥐었지. 즉 러시아 혁명이 일어난 거야. 볼셰비키 혁명 또는 10월 혁명이라고도 불리는 이 혁명으로 소비에트 임시 정부가 세워졌어.

러시아 혁명 이후 공산주의가 퍼지는 모습을 담은 지도이다. 러시아 혁명 이후 동유럽과 아시아 지역에서 공산주의 운동이 매우 활발해졌다.

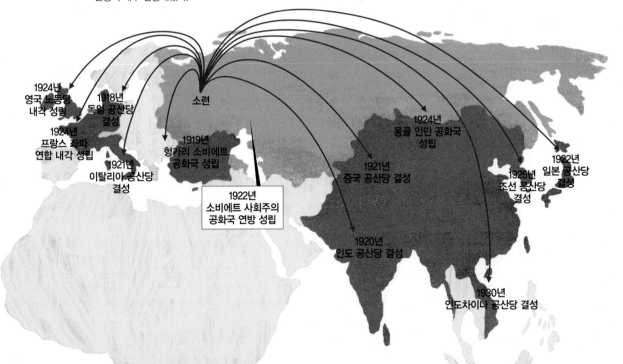

소비에트 임시 정부는 즉시 전쟁을 그만둘 것이며, 토지를 농민에게 나누어 주겠다고 약속했어. 그리고 나중에는 공장과 은행을 국유화해서 노동자가 직접 관리하게 했단다. 사회주의를 향한 첫걸음이 시작된 거지. 그 뒤 세계 여러 나라가 러시아 혁명의 영향을 받아 공산주의 운동을 더욱 활발하게 펼쳤단다.

민족 해방 운동이 활기를 띠다

러시아 혁명 1년 후인 1918년 11월 11일, 독일의 항복으로 제1차 세계 대전이 끝났어. 전쟁이 끝난 뒤의 문제를 처리하려고 미국, 영국, 프랑스 등 전쟁에서 승리한 나라들이 프랑스 베르사유에서 회담을 열었어. 러시아는 연합국이었지만 혁명 이후 전쟁에서 빠졌기 때문에 여기 참가하지 않았어.

이 회담을 이끈 건 미국 대통령 우드로 윌슨이야. 윌슨은 새로운 평화 체제를 만들려면 전쟁의 원인을 근본적으로 없애야 한다고 생각했어. 그래서 강대국들의 비밀 외교를 없애고, 군사비를 줄이며, 각 민족의 문제는 스스로 결정하도록 하는 민족 자결주의 원칙에 따라 식민지 문제를 풀자는 등의 14개 항목을 발표했어.

이 가운데 특히 민족 자결주의 원칙이 중요한 문제였단다. 제1차 세계 대전은 유럽 여러 강대국이 식민지를 둘러싸고 경쟁을 하는 바람에 벌어진 거야. 식민지를 통해 자원을 차지하고, 시장을 넓히려 했거든. 식민지 사람들은 민족의 자결과 독립 국가 건설을 주장하면서 맞섰고 말이야. 이런 문제를 해결하려면 세계의 모든 민족이 다른 나라의 간섭을 받지 않고 스스로 살아가는 게 중요하다는 것이 민족 자결주의 원칙이야. 자본주의에 반대하면서 혁명으로 나라를 세운 소련도 같은 주장을 했단다.

하지만 영국과 프랑스 등 전쟁에서 이긴 여러 강대국은 거기에 동의하지 않았어.

식민지를 내놓을 생각은 더더구나 없었지. 결국 베르사유 회담에서 나온 민족 자결주의 원칙은 제대로 실현되지 못했어. 도리어 전쟁에서 진 독일의 식민지를 영국과 프랑스가 나눠 갖는 걸로 끝났지.

그러자 식민지가 들끓기 시작했어. 오랫동안 영국의 식민 지배를 받고 있던 인도, 강대국들에게 시달리던 중국, 일본의 식민지인 조선 등지에서 자결과 독립을 요구하는 목소리가 커졌단다. 식민지 사람들은 제1차 세계 대전이 '민주주의를 위한 전쟁'이라는 연합국 지도자들의 말을 믿었어. 전쟁이 끝나면 새로운 세상, 즉 민족 스스로 독립할 수 있을 거라 기대했지. 하지만 바뀐 게 없었어.

가장 먼저 민중들이 들고일어난 곳은 바로 조선이야. 1919년 3월 1일, 서울, 평양, 진남포, 안주, 의주, 선천, 원산 등지에서 동시에 만세 운동이 일어났어. 3·1 운동은 전 세계 식민지 저항 운동에 큰 영향을 미쳤어.

3·1 운동 때 덕수궁 앞에서 시위를 벌이는 조선 사람들이다. 조선은 1919년 3월 1일 일본의 지배에서 벗어나기 위해 독립을 선언하고 전 국민이 참가하는 시위를 벌였다.

3 · 1 운동이 시작되고 두 달 뒤인 5월 4일 중국에서는 5 · 4 운동이 벌어졌단다. 중국 사람들은 전쟁이 끝났으니 독일이 산둥 반도에서 쥐고 있던 이권을 돌려받을 것으로 기대했어. 그러나 전쟁에서 이긴 일본이 파리 강화 회의에서 산둥 반도를 차지하겠다며 중국 정부를 강요해 그 권리를 인정받았지.

그러자 화가 난 중국 사람들은 5월 4일부터 상하이 등 주요 도시에서 저항 운동을 벌였단다. 학생, 상인, 노동자가 들고일어났어. 저항이 거세지자 중국 정부는 이들의 요구를 받아들일 수밖에 없었어. 중국에서는 5 · 4 운동을 시작으로 새로운 중국을 만들자는 운동이 벌어졌어.

인도에서도 비슷한 시기에 영국의 지배에 저항하는 운동이 일어났어. 인도는 제1차 세계 대전 때 많은 병사와 물자를 보내 영국을 도왔기 때문에 전쟁이 끝난 뒤에 뭔가 바뀔 거라는 기대가 더 컸던 곳이야. 하지만 영국 정부는 그 기대를 저버리고 오히려 인도인을 마음대로 체포할 수 있고, 언론, 사상, 집회의 자유를 억누르는 법을 만들었어. 인도인들은 민족 지도자 마하트마 간디를 중심으로 파업을 벌이면서 맞섰단다.

이집트, 베트남, 미얀마, 인도네시아 등지에서도 유럽 나라들의 식민 지배에서 벗어나려는 움직임이 더욱 활발해졌어. 러시아 혁명과 제1차 세계 대전을 거치면서 식민지 민중이 깨어난 거지. 하지만 이들 식민지는 전쟁을 한 번 더 겪은 뒤에야 독립에 성공해. 그때까지 이들은 다양한 방식으로 독립 운동을 벌였단다.

자본주의 사회가 변하다

러시아 혁명과 제1차 세계 대전은 식민지뿐 아니라 미국과 유럽 자본주의 나라에도 큰 영향을 미쳤단다. 세계 대전은 자본주의 나라들끼리 식민지 경쟁을 하면서 벌어진 거였고, 러시아 혁명은 자본주의 사회가 지닌 문제를 해결하겠다는 생각에 따라 일어난 사건이었어. 그러니 자본주의 나라들 스스로 변화가 필요하다는 것을 크게 깨달았지.

변화가 가장 크게 나타난 곳은 새롭게 떠오른 자본주의 강국, 미국이야. 전쟁이 끝난 뒤 1920년대에 미국 경제는 아주 잘나갔단다. 전쟁 동안 유럽 나라들에 많은 물건을 팔면서 돈을 벌었고, 그 돈을 다시 빌려 주기까지 했으니 말이야. 덕분에 미국 사람들의 주머니는 두둑해졌고, 돈을 마구 썼단다.

경제가 잘나가자 사람들은 너도나도 주식 시장에 돈을 투자했어. 주가가 계속 오르니 주식을 사 두면 쉽게 돈을 벌 수 있다고 생각한 거지. 실제로 주가는 거짓말처럼 계속 올랐어.

하지만 1929년 10월 24일, 단 하루 사이에 주가가 엄청나게 떨어졌어. 거대한 손해

1929년 미국은 대공황으로 경제가 크게 나빠져 많은 노동자가 일자리를 잃고 쫓겨났다. 이들에게 직장과 먹을 것을 구하는 것은 아주 절박한 문제였다.

를 본 주식 투자자들은 큰 충격에 빠졌지. 그래서 이 날을 '검은 목요일'이라고 해.

검은 목요일 이후 미국 경제는 순식간에 큰 혼란에 빠졌어. 먼저 은행들이 줄줄이 문을 닫았어. 빌려 준 돈을 받지 못했기 때문이지. 그리고 시간이 갈수록 문을 닫는 공장과 회사가 늘어났어. 물건이 팔리지 않았거든. 농민은 농민대로 농산물이 팔리지 않아 힘들었지.

미국만 그런 게 아니라 영국, 프랑스, 독일, 이탈리아 등 주요한 자본주의 나라의 경제가 모두 어려워졌단다. 당시의 경제 혼란을 '대공황'이라고 불러.

1932년에 미국 대통령에 당선된 프랭클린 루스벨트는 뉴딜 정책으로 경제 위기에서 벗어나려고 했어. 루스벨트는 상품은 창고에 가득 쌓여 있는데 사람들이 상품을 살 형편이 안 되기 때문에 경제가 대공황에 빠졌다고 생각했어. 그래서 우선 사람들이 물건을 살 수 있도록 정부가 나서서 사업을 벌여 일자리를 만들었어. 테네시 강 유역에 커다란 댐을 만든 게 대표적이야.

다음으로 노동자들이 힘을 합쳐 자신들의 이익을 지킬 수 있도록 단결권과 단체 교섭권을 법으로 보장해 주었어. 그렇게 하면 노동자들이 더 많은 임금을 받을 가능성이 생기고, 수입이 늘어난 노동자들이 그만큼 더 물건을 사게 되어 공장도 잘 돌아갈 수 있을 테니까. 이 밖에도 새로운 법을 만들어서 정부가 시장에 끼어들 수 있도록 했단다.

이처럼 뉴딜 정책을 편 덕분에 미국 경제는 차츰 위기에서 벗어나게 되었어. 그리고 그동안 모든 것을 시장에 맡겨 두던 정부의 정책도 달라졌어. 그 전과 달리 정부가 나서서 물가를 조절하고 일자리를 만드는가 하면, 일방적으로 기업가 편을 드는 대신 노동자의 권리를 지키는 역할도 맡았어. 그게 모두 자본주의 사회가 잘 돌아가게 만들기 위해서였지.

사람들에게 일자리를 주어야 합니다

지금 일자리를 잃은 많은 사람이 생존이라는 심각한 문제와 마주하고 있으며, 많은 사람이 보잘것없는 임금 때문에 신음하고 있습니다. 현재의 절망적인 현실을 인정하지 않는 사람은 어리석은 낙천가들뿐일 것입니다. (…) 우리는 공업 중심지에 몰려 있는 사람을 다시 분산하여 토지를 효과적으로 이용할 수 있도록 노력해야 합니다. 농산물 가격을 올려 농민들이 도시에서 만든 물건을 많이 살 수 있게 하는 단호한 노력이 필요합니다. (…) 끝으로, 사람들에게 다시 일자리를 만들어 주려면 예전과 같은 여러 가지 나쁜 모습이 나타나지 않도록 보호 장치 두 개가 있어야 합니다. 모든 은행·신용 기관·투자에 대해서 엄격하게 감독해야 합니다. 다른 사람들의 돈을 빌려 투기하는 것을 뿌리 뽑아야 합니다.

1933년 미국의 루스벨트 대통령이 취임식에서 한 말이다. 루스벨트는 대통령에 뽑힌 뒤 대공황에서 벗어나기 위해 뉴딜 정책을 펼쳤다. 루스벨트는 일자리를 마련하고 중소 상공업자를 보호하는 정책을 펴는 한편, 산업을 강력하게 통제하였다. 이와 동시에 사회 보장 제도를 넓혀 노동자의 복지를 늘리는 데 노력하였다. 사진은 뉴딜 정책에 따라 사람들이 정부의 도로 공사판에서 일하는 장면이다.

민족 해방 운동의 시대

제1차 세계 대전 이후 아시아와 아프리카의 여러 나라에서는 윌슨의 민족 자결주의와 러시아 혁명의 영향을 받아 식민지 또는 반식민지 상태에서 벗어나려는 민족 운동이 활발해졌어. 또 일부 지식인 중심의 민족 운동에서 벗어나 더 많은 사람이 참여하는 다양한 대중 운동으로 바뀌었단다.

19세기부터 영국 등 유럽 나라들의 침략에 시달리다 19세기 말에 거의 식민지 상태가 되었어. 20세기 초 팔라비가 세력을 모아 영국 등을 몰아내고 새로운 나라, 이란을 세웠어.

19세기 말에 영국과 러시아 등의 침략을 받아 거의 반식민지 상태였어. 20세기 초에 이집트의 젊은 장교들이 중심이 되어 영국에 맞서는 투쟁을 본격적으로 벌였어.

이란

이집트

아라비아 반도

인도

19세기에 오스만 제국의 지배에서 벗어나 아랍 민족의 나라를 세우려는 운동이 불붙었어. 제1차 세계 대전에서 영국과 프랑스를 돕는 대가로 독립을 약속받았지만, 전쟁이 끝난 뒤 두 나라가 약속을 어기는 바람에 독립을 이루지 못했어.

서아프리카

19세기에 유럽 여러 나라의 식민지가 되었어. 1912년에 만든 아프리카 민족회의를 비롯해서 아프리카의 교육 받은 젊은이들이 모든 아프리카 인들을 아우르는 기구를 만들기 시작했어. 아프리카 인이라는 정체성도 생겨났어. 이 가운데 많은 이들이 20세기 후반기에 새로 생겨난 아프리카 독립 국가들의 지도자가 되었어.

18세기부터 영국의 침략에 시달렸고, 19세기 초 영국의 식민지가 되었어. 처음에 지식인들을 중심으로 반영 운동이 펼쳐졌고, 1919년 암리차르 학살 사건을 계기로 대중 운동으로 발전했지. 이 무렵 간디(사진)가 비폭력, 무저항주의를 내걸고 영국과 맞섰단다.

1919년 5월 4일 일본의 부당한 요구에 항의하는 시위가 전국에서 일어났어. 이를 계기로 쑨원(사진)은 국민당을 만들고, 반제국주의 운동을 이끌었단다. 쑨원이 죽은 뒤 장제스와 마오쩌둥이 항일 투쟁에 앞장섰어.

중국

한국

1919년 3월 1일 온 나라에서 독립 시위가 일어났고, 이를 계기로 대한민국 임시 정부가 세워졌어. 그 뒤 임시 정부를 비롯해 여러 독립 운동 세력이 무장 투쟁과 민족 교육 활동에 힘을 쏟았어. 1930년대 임시 정부를 이끈 김구(왼쪽 사진)는 윤봉길(오른쪽 사진), 이봉창 등을 시켜 일본군 사령관을 죽이는 활동을 벌였어.

제1차 세계 대전 이후 서양 지식을 배워와 근대화와 제도 개혁을 추진하는 민족 운동이 펼쳐졌어. 1930년에는 호찌민이 베트남 공산당을 만들어 프랑스를 몰아내는 운동에 앞장섰어.

베트남　　**필리핀**

아기날도를 비롯한 필리핀의 독립 운동 지도자들은 에스파냐와 맞서기 위해 미국과 손을 잡았어. 그러나 미국이 배신해 독립을 이루지 못하자 무장 투쟁을 벌였단다.

20세기 초에 수카르노 등이 젊은 무슬림 지식인 조직을 만들어 네덜란드의 식민 지배에 맞섰어. 인도네시아의 민족 운동에서 이슬람교는 인도네시아 사람들을 하나로 묶는 중요한 역할을 했어.

인도네시아

제2차 세계 대전 때 나가사키에 떨어진 원자 폭탄의 버섯구름.

제1차 세계 대전이 끝나고 4년 뒤인 1922년에 이탈리아에서 무솔리니가 힘 있는 이탈리아를 주장하면서 총리가 되어 권력을 쥐었어. 이탈리아에 파시스트의 지배가 시작된 거야. 그리고 10년이 지나서 독일에서는 히틀러가 권력을 잡았단다. 이처럼 파시즘 세력이 힘을 가지면서 세계에 또다시 전쟁의 먹구름이 끼었어.

파시즘이 일으킨 광기의 전쟁

파시즘이 나타나다

제1차 세계 대전에서 이탈리아는 처음에 독일, 오스트리아와 삼국 동맹을 맺었어. 하지만 영국과 프랑스가 전쟁에서 이기면 오스트리아 쪽 영토를 나누어 주겠다며 설득하자 연합국에 가담했지. 덕분에 이탈리아는 제1차 세계 대전에서 승리한 나라가 되었어.

하지만 이탈리아는 전쟁이 끝난 뒤 영국, 프랑스, 미국 등에 밀려 원하는 영토를 얻지 못했어. 이 세 나라에 비해 이탈리아는 힘이 약했으니, 어쩔 도리가 없었어. 이 때문에 이탈리아 국민의 불만이 컸어. 게다가 전쟁 뒤의 경제 사정도 좋지 않았어. 일자리가 없는 데다가 물가도 너무 많이 올라 사는 게 아주 힘들었단다.

그러다 보니 노동자들이 자주 파업을 벌였어. 땅이 없는 농민들은 아예 지주의 토지를 힘으로 빼앗기도 했지. 사회의 상류층인 자본가, 지주, 군인 등은 이런 상황을 못마땅하게 여겼어. 중산층도 불안한 마음을 감출 수 없었지.

이때 베니토 무솔리니가 많은 사람의 지지를 받으며 등장했어. 그는 한때 사회주의자였지만 제1차 세계 대전을 거치면서 파시즘을 내세우는 파시스트가 되었어. 파시즘은 공산주의에 반대하고, 경쟁을 앞세우는 자본주의의 문제점도 넘어서자고 주장하는 독특한 이념이야. 무솔리니는 여기에 더해 이탈리아가 최고이며, 강한 군대를 키워 이탈리아의 힘을 보여 주자고 주장하며 사람들의 애국심을 부추겼지.

무솔리니의 파시스트당은 점점 인기가 높아져 마침내 1926년 선거에서 승리를 거두었어. 통령이 된 무솔리니는 다른 정당을 인정하지 않는 1당 독재 체제를 만들고, 언론과 출판의 자유도 억눌렀어.

그렇지만 경제는 여전히 나아지지 않았고, 1929년에 대공황이 일어나자 더욱 나빠졌어. 국민들이 불만을 터뜨리자, 무솔리니는 그것을 덮어 버리려고 침략 전쟁을 일으켰어. 첫 번째 희생양이 에티오피아였고, 그다음이 알바니아였지.

한편, 독일은 이탈리아보다 상황이 더 나빴어. 독일은 전쟁에서 졌기 때문에 엄청난 전쟁 배상금을 물어야 했어. 그 때문에 물가가 치솟아 빵 하나 사려면 수레에 돈을 싣고 가야 할 정도였단다. 여기에 대공황까지 일어났으니 독일 사람들의 생활이 얼마나 어려웠는지는 짐작이 가겠지.

바로 이때 파시스트당인 나치당을 이끄는 아돌프 히틀러가 큰 인기를 끌었어. 히틀러는 독일인의 조상인 아리아인이야말로 가장 완벽하다며 위대한 독일을 만들자고 주장했어. 그러면서 독일 안팎의 유대 인을 이유없이 공격했으며, 오랫동안 사이가 안 좋았던 소련을 적으로 만들었어.

결국 나치당은 1932년 선거에서 제1당이

군중들에게 경례하는 히틀러의 모습이다. 오른손을 45도 위로 치켜드는 이 동작은 '나치식 경례'로 유명하다. 군중들은 이 동작과 함께 '하일 히틀러(히틀러 만세)!'를 외쳤다.

되었고, 이듬해 히틀러는 수상이 되었단다. 히틀러와 나치당은 곧바로 다른 정당의
활동을 법으로 금지하고 1당 독재 체제를 만들었어. 법도 마음대로 만들고, 언론과
출판의 자유도 없앴으며, 노동조합 활동도 못하게 막았어. 나치당의 말을 듣지 않거
나 반대하는 사람들은 게슈타포라는 비밀경찰이 잡아다 감옥에 가두었지. 그러고는
베르사유 조약을 무시하고 군대를 늘렸어. 그것은 물론 침략을 위해서였지.

유럽에서만 파시스트 같은 침략 세력이 커진 게
아니었어. 아시아에서는 일본이 군대를 앞세워 다
른 나라 침략에 나섰어.

일본은 일찍이 조선을 식민지로 만든 뒤, 조선을
발판 삼아 중국 대륙으로 나아갔어. 1931년에는 루
거우차오 사건을 일으켜 만주를 손에 넣었고, 1937
년부터는 중국과 직접 전쟁을 벌였단다.

> **루거우차오 사건**
> 1937년 7월 7일 밤 루거우차오
> 근처에서 일본군과 중국군이
> 충돌한 사건이다. 루거우차오
> 는 중국 베이징 시 남쪽의 융
> 딩 강에 놓인 다리이다. 일본군
> 은 중국군이 자신들을 향해 총
> 을 쏘았다며 루거우차오를 곧
> 바로 점령했다. 이 사건으로 중
> 일 전쟁이 시작되었다.

이 무렵 일본은 제1차 세계 대전에서 손을 잡았던 영국, 프랑스 대신 이탈리아, 독
일과 손을 잡았어. 세 나라가 손을 잡은 건 서로 성향이 비슷했기 때문이야. 자기 나
라와 민족만이 최고라고 주장하고, 침략 전쟁에 매우 적극적이었거든. 그러자면 영
국, 프랑스, 미국 등과 싸워야 했기 때문에 서로 손을 잡은 거지. 이들 나라를 추축국
이라고 하는데, 추축국은 세계 질서의 중심을 이루는 나라라는 뜻이야.

전 세계가 전쟁에 휘말리다

1939년 9월 독일의 히틀러는 폴란드 공격을 시작했어. 그동안 전쟁을 피하려고 독
일을 건드리지 않았던 영국과 프랑스도 더는 물러설 수 없었지. 두 나라가 곧바로 독

일에 전쟁을 선포하면서 제2차 세계 대전이 시작되었단다.

전쟁 초기에는 독일, 이탈리아, 일본 세 나라로 이루어진 추축국이 기운차게 뻗어 갔어. 독일은 단숨에 폴란드를 차지한 뒤, 이듬해에는 덴마크, 노르웨이, 네덜란드와 벨기에, 프랑스까지 차례로 점령했어. 이탈리아는 북아프리카와 서아시아로 나아갔고, 일본은 동남아시아로 나아가 인도차이나를 차지했단다.

한편 독일은 프랑스를 차지한 뒤 방향을 동쪽으로 돌려 소련으로 쳐들어갔어. 무엇보다도 우크라이나 지방의 곡물과 코카서스 지방의 석유가 전쟁 물자로 꼭 필요했거든. 이때가 1941년 6월이야. 독일군은 이번에도 빠른 속도로 나아가서 3개월 만에 모스크바까지 도달했단다.

그런데 여기서부터 독일군은 소련군의 강력한 저항에 막혀 더 나아가지 못했어. 게다가 소련마저 무너지면 큰일이다 싶어서 영국과 미국이 엄청나게 많이 도왔지. 결국 독일군은 소련군과 밀고 밀리는 가운데 힘겨운 시간을 보내야 했지.

독일군이 소련 공격에 힘을 쏟는 동안 일본군은 1941년 12월에 하와이 진주만에 있는 미군 기지를 기습 공격했단다. 이 전쟁을 태평양 전쟁이라고 해. 일본은 진주만 공격에 성공한 뒤 빠른 속도로 동남아시아 대부분과 태평양의 여러 섬을 차지했단다. 이에 따라 미군은 오스트레일리아까지 쫓겨나야 했지.

하지만 미국이 일본의 진주만 공격을 계기로 본격적으로 전쟁에 뛰어들면서 1942년 초부터 연합군의 대반격이 시작되었어. 먼저 태평양 전선의 미군이 1942년 2월 미드웨이 해전에서 일본군을 크게 이기며 반격의 신호탄을 쏘았어. 그리고 소련군은 1942년 여름에 스탈린그라드에서 독일군의 대대적인 공격을 막아 냈으며, 이듬해 2월에 20만 명이 넘는 독일군을 포로로 잡는 큰 승리를 거두었지.

기세가 오른 미국과 영국 등 연합국은 먼저 독일과 이탈리아를 거세게 몰아붙였어. 그러자 1943년 9월 이탈리아가 가장 먼저 항복했어. 무솔리니는 도망쳤다가 1945년

4월에 스위스 국경 근처에서 붙잡혀 총살당했지.

　1944년 6월에는 연합군이 프랑스 노르망디 해안에 상륙했고, 두 달 뒤에는 파리를 해방시켰단다. 이듬해에는 미군이 라인 강을 건너 독일로 쳐들어갔고, 소련군도 오스트리아 빈에 들어갔어. 1945년 5월 마침내 베를린이 무너지고, 독일은 무조건 항복했어. 전쟁을 일으킨 히틀러는 독일이 항복하기 직전에 자살했지.

　이제 남은 것은 일본뿐이었어. 미군은 동남아시아에서 필리핀을 다시 찾고 일본군을 계속 몰아붙였어. 그래도 일본이 끝끝내 버티자, 미국 정부는 당시 막 개발한 원자 폭탄을 사용하기로 결정했어. 1945년 8월 6일 히로시마에, 사흘 뒤에는 나가사키

1944년 6월 6일 노르망디 상륙 작전을 펼치는 미군의 모습이다. 연합군은 노르망디 상륙 작전을 계기로 그동안 밀리던 전쟁 상황을 뒤집기 시작했다.

에 원자 폭탄을 떨어뜨렸어. 인류 최초로 핵무기가 사용된 거지. 여기에다 소련군마저 일본에 전쟁을 선포했단다. 결국 일본 왕은 8월 15일에 무조건 항복할 수밖에 없었지. 이렇게 해서 7년에 걸친 제2차 세계 대전이 끝났어.

전쟁 이후의 세계

제2차 세계 대전이 아직 끝나기 전인 1945년 2월 미국의 루스벨트, 영국의 윈스턴 처칠, 소련의 이오시프 스탈린은 흑해 연안에 있는 얄타에서 모였어. 전쟁을 빨리 끝낼 방법을 찾고 전쟁이 끝난 뒤 세계 질서를 어떻게 만들 것인지를 서로 의논하기 위해서였지.

얄타 회담에서 미국의 루스벨트와 소련의 스탈린은 동유럽 지역을 소련의 지배 아래 두는 대신 다른 유럽 지역은 미국의 영향력 아래 두기로 서로 약속했단다.

이런 질서가 만들어진 것은 제2차 대전도 제1차 대전과 마찬가지로 제국주의 나라들 사이의 경쟁에서 시작되었기 때문이야. 즉 독일과 이탈리아, 일본 등이 더 많은 땅을 얻기 위해 영국, 프랑스, 미국에 도전한 거지.

반면에 다른 점이 두 가지 있었는데 하나는 소련이라는 사회주의 나라가 등장했다는 것이고, 다른 하나는 독일과 이탈리아가 이전과 달리 1당 독재와 침략 정책을 편 파시즘 나라였다는 거야. 이런 상황에서 자본주의 나라인 미국, 영국, 프랑스가 사회주의 나라인 소련과 손잡고 파시즘 나라들과 맞서 싸운 게 제2차 대전이야.

그런데 연합국의 승리가 가까워지자, 전쟁에서 큰 역할을 한 미국과 소련 사이에 세계 질서를 어떻게 짤 것인가를 두고 의견 대립이 생겼단다. 파시즘이라는 공동의 적에 맞서 두 나라가 함께 싸우긴 했지만 자본주의와 공산주의는 원래 대립하는 이념

얄타 회담이 끝난 뒤 처칠, 루스벨트, 스탈린 등이 함께 찍은 사진이다. 영국, 미국, 소련은 얄타 회담에서 전쟁이 끝나면 세계 질서를 어떻게 만들지 의논했다.

이기 때문이지. 이런 대립을 조정해 보려고 얄타 회담을 열었던 거야.

전쟁이 끝난 뒤 국제 질서에 나타난 중요한 변화는 국제 연합(UN)이 만들어졌다는 점이야. 국제 연합은 제1차 대전이 끝난 뒤 만들어진 국제 연맹과 마찬가지로 국제 협조를 위한 기구야. 달라진 게 있다면 국제 연맹보다 권한이 더욱 커져 국제 평화를 해치는 나라에 경제적 · 군사적 제재를 할 수 있게 되었어.

한편 1946년 영국의 처칠 총리가 미국을 방문해서 연설을 했는데, 그때 유명한 말을 남겼어.

"오늘날 발트 해의 수데텐란트부터 아드리아 해의 트리에스테까지 대륙을 가로질러 '철의 장막'이 내려져 있다."

이 말은 세계가 공산주의와 자본주의의 두 개 진영으로 나뉘어 있다고 공개적으로 선언한 거지.

1947년에 미국의 해리 트루먼 대통령은 공산주의 세력이 더 퍼지는 것을 막기 위해 미국이 중요한 역할을 해야 한다고 연설했어. 곧바로 미국 정부는 마셜 계획을 실시해 전쟁으로 거의 모든 것이 파괴된 서유럽 나라들이 다시 일어서는 것을 도왔어. 그리고 유럽의 자본주의 나라들은 미국을 중심으로 똘똘 뭉쳐 갔어.

한편 제2차 세계 대전 후 독일은 넷으로 나뉘어 미국, 영국, 프랑스, 소련의 관리를 받았어. 그런데 소련이 관리하는 동독 지역과 나머지 서독 지역이 대립하게 되었어. 결국 서독과 동독 사이에 왕래는 끊어졌고, 1949년에 서독과 동독은 각각 독자적인 정부를 세웠단다.

비슷한 시기에 한국도 둘로 갈라졌어. 38도선을 경계로 미국의 지원을 받는 남한과 소련의 지원을 받는 북한이 1948년 각자 정부를 세웠지.

이처럼 제2차 세계 대전 후 5년 남짓한 사이에 세계는 미국을 중심으로 하는 자본주의 진영과 소련을 중심으로 하는 사회주의 진영으로 갈렸어. 두 진영은 총알과 폭탄을 직접 사용하지는 않았지만 전쟁을 끊임없이 준비했어. 이것을 차가운 전쟁이라는 뜻의 '냉전'이라고 부른단다. 그 후 20세기에 인류는 매우 이상한 전쟁의 시기를 살았어.

나는 이 넓은 세상에 외톨이입니다

아마 당신도 1년 반이나 갇혀 지낸다면 종종 견딜 수 없을 때가 있을 거예요. 아무리 올바른 판단력이 있고 감사하는 마음을 품고 있더라도 마음 깊은 곳의 솔직한 느낌까지 억누를 수는 없거든요. 자전거를 타고, 춤을 추고, 휘파람을 불고, 세상을 보고, 청춘을 맛보고, 자유를 만끽하고, (…) 나는 이런 걸 동경해요. 그러나 그런 마음을 밖으로 드러내서는 안 되죠. 하기는 우리 여덟 사람 모두가 자신을 불쌍하게 여기거나 불만스러운 표정을 지으며 지낸다면, 도대체 어떻게 될까요?

우리는 가끔 절망적으로 '전쟁이 무슨 필요가 있을까? 왜 사람들은 사이좋게, 평화롭게 살지 못할까? 이 파괴는 무엇을 위한 것일까?'라는 의문을 품습니다. (…) 우리는 힘이 센 사람과 정치가, 자본가들만이 전쟁에 책임이 있다고 생각하지 않습니다. 일반인들도 책임이 있습니다. 그렇지 않다면 세계 사람들은 벌써 오래전에 들고일어나 혁명을 일으켰어야 했습니다.

제2차 세계 대전 때 안네 프랑크가 쓴 일기의 일부이다. 안네는 제2차 세계 대전 중 독일군의 유대 인 박해를 피해 은신처에 숨어 지냈다. 답답하고 외로운 생활을 달래고자 마음의 표현 수단으로 일기를 열심히 썼다. 일기에는 전쟁에 대한 두려움과 분노, 이성 친구에 대한 고민, 자기 자신에 대한 반성과 희망이 생생하게 담겨 있다. 사진은 안네 프랑크의 기념 우표이다.

세계 대전과 대량 살상 무기

두 차례의 세계 대전은 새로운 무기들의 경연장이었어. 전쟁에 참여한 나라들은 승리하기 위해 더 많은 사람을 더 효과적으로 죽일 수 있는 대량 살상 무기를 개발하는 데 열을 올렸거든. 새로운 무기가 등장하자 이제 전쟁은 육지와 바다뿐만 아니라 하늘에서도 벌어졌고, 전쟁터에서 멀리 떨어진 후방도 전쟁에 휘말렸지. 이 때문에 두 차례의 세계 대전에서 수천만 명이 죽고 다쳤단다.

제1차 세계 대전 당시의 신무기

제1차 세계 대전에 등장한 신무기 가운데 대표적인 것은 수류탄, 전차, 전투기, 독가스 등이야. 기관총, 장거리 대포 등 총과 대포 역시 명중률이 더 높아지고 파괴력도 더 커졌단다. 제1차 세계 대전에서 죽고 다친 사람은 이전의 어떤 전쟁과도 비교할 바가 안 됐어. 전사자 900만 명, 부상자 2,200만 명, 민간인 희생자 1,000만 명에 이르렀단다.

전투기와 폭격기 전투기와 폭격기가 등장해 육지와 바다는 물론 하늘까지 전쟁터로 만들었어. 처음에는 비행기에 총이 달려 있지 않아서 조종사는 총을 쏘거나, 수류탄이나 벽돌을 던져 적기를 공격했어. 총이 달린 전투기가 나타난 것은 1915년부터야.

독가스 제1차 세계 대전 때 사용되었어. 전쟁이 참호전으로 바뀌면서 총으로는 적을 쓰러뜨리기 어렵게 되자, 공기보다 무거운 독가스를 개발해 참호 속 적군을 쓰러뜨렸지. 독가스 공격을 막기 위해 돼지 주둥이 모양의 방독면이 개발되었지.

전차 제1차 세계 대전 동안 개발되어 1917년 프랑스에서 처음 쓰였어. 철판 몸통에 대포가 달려 있었어. 강판으로 만든 벨트를 차바퀴 둘레에 걸어 놓아 험하고 비탈진 곳도 갈 수 있었지.

U-보트 잠수함이 처음 만들어진 것은 1870년대이지만, 디젤 엔진이 달린 전투용 잠수함이 나타난 것은 제1차 세계 대전 때야. 특히 독일의 U-보트는 잠수하는 속도가 매우 빠르고 조용해 찾아내기가 매우 어려워 연합군을 공포에 떨게 했지.

	1915 전투기용 기관총 개발				**1943** 제트 폭격기와 제트 전투기 사용	**1952** 수소 폭탄 사용			**1988** 스텔스 전투기 등장
1902 장갑차 제작		**1917** 탱크 도입	**1939** 군용 헬리콥터 제작						

| **1901**
현대식
잠수함
등장 | **1911**
항공모함과
폭격기
등장 | **1915**
독일이
독가스
처음 사용 | **1917**
브라우닝
기관총
개발 | **1936**
스핏파이어
전투기 사용 | **1940**
바주카포와
레이더 사용 | **1942**
네이팜탄과
V2 로켓
사용 | **1945**
원자 폭탄
사용 | **1955**
핵잠수함
개발 | **1970**
엑조세
미사일
등장 |

전투기 독일의 메서슈미트 109, 영국의 스핏파이어 같은 전투기들이 큰 활약을 했어. 폭탄을 싣고 시속 600킬로미터가 넘는 속도로 날아다녔으며, 날개에서 로켓을 쏘거나 기관총을 쏠 수 있었어.

제 2 차 세 계 대 전 당 시 의 신 무 기

제2차 세계 대전에는 전격전이라는 새로운 전쟁 기술이 나타났어. 전격전은 전차 부대가 비행기의 도움을 받아 적진 깊숙이 들어가는 거야. 그래서 더 빠르고 더 멀리 나는 비행기, 더 많은 비행기를 실어 나르는 항공모함, 포탄을 맞아도 깨지지 않는 단단한 배, 아주 멀리 있는 목표물을 날아가 맞히는 로켓탄, 한꺼번에 수만 명의 목숨을 앗아 가는 원자 폭탄 등이 개발되었지. 제2차 세계 대전에는 세계 인구의 20퍼센트가 동원되었고, 무려 5,000만 명이 희생되었단다. 민간인 희생자의 수가 군인 희생자의 두 배가 넘었지.

V2 독일이 개발한 로켓 폭탄이야. 시속이 5,760킬로미터나 되어서 쏘아 맞히기 어려웠지. 명중률은 낮았지만 V2의 공격에 영국 등 연합국의 많은 사람이 죽고 다쳤단다. 'V'에는 보복을 위한 무기라는 뜻이 담겨 있어.

B-29 미국이 개발한 대표적인 폭격기로, 폭탄 10톤을 싣고 가 적국의 항구, 전함, 산업 중심지를 부수었어. 1942년 처음으로 시험 비행을 하고 1944년부터 전쟁에 투입되었지.

원자 폭탄 미국은 1945년 7월에 다이너마이트 2만 톤의 파괴력에 맞먹는 원자 폭탄 개발에 성공한 뒤, 8월에 일본의 히로시마와 나가사키에 떨어뜨렸다. 이 때문에 두 도시에서 10만 명 이상이 죽고, 도시의 대부분이 파괴되었단다.

항공모함 50~100기의 비행기를 실을 수 있는, 움직이는 공항 구실을 하는 군함이야. 뒷부분이 평평한 갑판으로 되어 있고, 비행기가 뜨고 내리는 데 방해되는 굴뚝이나 지휘대 따위는 한쪽에 만들었어.

중화 인민 공화국 수립식이 열렸던 베이징 톈안먼 광장.

1949년 10월 1일 중화 인민 공화국이 세워졌어. 그 뒤를 이어 아시아와 아프리카의 많은 곳에서 제국주의의 지배를 벗어나고자 활발히 움직였어. 그 결과 수많은 독립 국가가 탄생했고, 이후 세계는 200개 가까이 되는 나라가 어울려 살아가는 곳으로 바뀌었단다.

중국과 새로운 독립국들

중국에 공산주의 정부가 들어서다

1945년 8월 중국은 일본과 벌인 전쟁에서 승리했어. 장제스가 이끄는 국민당 정부와 마오쩌둥이 이끄는 공산당 세력은 일본의 침략에 맞서는 동안 힘을 합쳐 싸웠어. 그런데 일본을 몰아낸 뒤 국민당은 곧바로 공산당 세력을 공격했어. 장제스는 공산당과 권력을 나누어 가지려 하지 않았던 거야.

처음에는 국민당 군대가 유리했어. 군대와 무기도 앞서 있었고, 미국의 지원까지 받았거든. 하지만 공산당은 당시 중국인의 다수를 차지한 농민의 지지를 받았어. 공산당이 지배한 지역에서는 토지 개혁을 실시해서 농민들에게 땅을 나누어 주었어. 반면에 국민당이 공산당을 몰아내고 차지한 지역에서는 농민들이 다시 땅을 빼앗겼지. 그러니 농민들은 공산당 편을 들었지.

그래서 처음에는 불리했던 공산당 군대가 1947년 가을부터 유리해지기 시작했어. 공산당 군대는 만주 지역부터 다시 손에 넣은 뒤, 중국 북부에서 전투를 몇 차례 치르며 국민당 군대에 큰 타격을 주었어. 1949년 1월 말에는 베이징을 되찾고, 5월에는 상하이를 손에 넣고, 가을에는 남쪽의 광둥까지 무너뜨렸단다. 장제스는 할 수 없이 타이완으로 도망갔어. 공산당이 대륙 전체를 손에 넣은 거야.

공산당 지도자 마오쩌둥은 1949년 10월 1일 베이징 톈안먼 광장에서 중화 인민 공화국의 수립을 선포하며 이렇게 말했단다.

"이제 중국인은 더 이상 노예가 아니다."

이로써 지구에서 가장 인구가 많은 나라가 공산주의를 목표로 하는 국가가 되었단다. 중화 인민 공화국 수립 이후 두 가지 크고 중요한 변화가 있었어. 하나는 가족법을 새로이 만들어 여성의 평등을 보장했어. 또 하나 중요한 것이 토지 개혁이었어. 이전에 공산당이 차지한 지역에서 실시했던 토지 개혁을 전국에서 실시했어. 대토지 소유자들의 토지를 빼앗아서 3억 명에 이르는 가난한 농민들에게 나누어 주었단다.

하지만 중화 인민 공화국의 앞날은 그리 밝지 않았어. 오랫동안 전쟁을 겪느라 경제를 비롯해 모든 게 엉망이었거든. 당장 공산주의적 사회를 만드는 것보다 산업을 발전시키는 게 우선하는 일이었단다.

하지만 당시 중국은 산업을 일으킬 돈이나 기술이 부족했어. 그래서 마오쩌둥은 1949년 말 모스크바를 방문해서 소련 지도자 스탈린과 회담을 벌였고, 다음 해 2월 중소 우호 조약을 맺었어. 덕분에 충분하지는 않지만 소련에서 도움을 받을 수 있었어.

하지만 바로 그 무렵 한국 전쟁이 일어났고, 중국은 커다란 위기에 부딪혀. 북한군

중화 인민 공화국 수립을 선언하는 마오쩌둥이다. 마오쩌둥은 장제스와 손잡고 항일 투쟁을 승리로 이끈 뒤, 다시 장제스를 몰아내고 중국에 공산주의 나라를 새로이 세웠다.

이 유엔군에 밀리자 소련과 북한이 중국에 도움을 요청한 거야.

내전이 끝난 지 얼마 지나지 않았고 경제가 어려운 형편에서 전쟁을 한다는 게 쉽지 않았지만, 어쩔 수 없었지. 그나마 한국 전쟁이 휴전으로 끝난 게 중국으로서는 다행이었어.

중국 공산당은 한국 전쟁이 끝난 1953년부터 대약진 운동을 펼쳐 나라를 사회주의 경제 체제로 바꾸기 시작해. 집단 농장을 만들고, 개인이 상공업을 하지 못하도록 했어. 소련과는 또 다른 사회주의 국가가 등장하기 시작한 거야.

> **대약진 운동**
> 마오쩌둥이 1958년부터 1960년까지 이끌었다. 농업과 공업의 생산을 크게 늘리기 위한 것이었다. 하지만 무리하게 집단 농장을 만들고 농촌에서 철강 생산을 시도하는 등 잘못된 정책을 펴서 실패로 끝이 났다. 이 때문에 마오쩌둥은 한동안 뒤로 물러나 있어야 했다.

아시아 나라들이 독립을 선언하다

중국 이외에 아시아의 여러 나라들도 독립하기 시작했어. 한국은 전쟁에서 진 일본의 식민지였기 때문에 전쟁이 끝나자 미군과 소련군이 나누어 다스렸어. 그러다 1948년에 남한과 북한이 각각 정부를 만들면서 분단이 이어졌단다.

그다음에 독립한 나라는 중국 다음으로 큰 나라인 인도야. 1947년에 힌두교도가 중심이 된 인도 연방과 이슬람교도가 중심이 된 파키스탄이 영국 연방 안에서 자치령이 되었어. 이후 1950년에 인도는 인도 공화국으로, 1956년에 파키스탄은 파키스탄 이슬람 공화국으로 완전히 독립했단다. 인도 아래에 있는 실론 섬도 처음에는 영국 연방 안의 자치령이었다가 1972년에 스리랑카로 독립했지.

영국, 프랑스, 네덜란드가 식민지로 삼았던 동남아시아 나라들도 독립을 했어. 프랑스가 다스렸던 인도차이나에서는 제2차 세계 대전 때 일본군이 쳐들어오자 민족 해방 투쟁이 벌어졌어. 호찌민이 해방 투쟁을 이끌었지. 전쟁에서 진 일본이 물러나자 프랑스가 다시 지배하려 했지만, 1945년에 베트남 민주 공화국을 만들어 독립을 선포했단다.

하지만 프랑스가 식민지를 포기하지 않아서, 프랑스와 베트남 민주 공화국 사이에 인도차이나 전쟁이 시작되었어. 프랑스는 베트남 남부의 도시인 사이공에 자기네 말을 잘 듣는 꼭두각시 정권을 세웠어. 그랬는데도 베트남 사람들이 거세게 맞서 싸우는 바람에 프랑스는 이 전쟁에서 이길 수 없었단다. 결국 1954년 제네바 휴전 협정을 맺어 프랑스는 베트남을 포기했어. 이때 임시로 군사 분계선을 정하는 바람에 베트남은 남과 북으로 나뉘었어.

베트남 사람들은 프랑스와 끈질기게 싸워 1954년 프랑스를 몰아내는 데 성공했다.

그리고 1947년에는 인도네시아가 네
덜란드의 지배에서 완전히 벗어났어.
1945년 일본이 전쟁에서 진 뒤 인도네
시아의 독립을 선언한 아크멧 수카르노
는 네덜란드가 다시 밀고 들어오자 전
쟁을 벌인 끝에 승리를 거두었지.

영국의 지배를 받던 인도차이나 반도
의 서쪽 지역은 1948년에 버마, 1957년
에 말라야 연방으로 각각 독립했어. 이
후 버마는 미얀마로, 말라야 연방은 말
레이시아로 나라 이름을 바꾸었단다.

7,000개가 넘는 섬으로 이루어진 필
리핀은 원래 에스파냐 식민지였는데,
1898년에 에스파냐가 미국과 싸워 진

인도네시아의 첫 대통령인 수카르노이다. 수카르노는
1928년 인도네시아 국민당을 만들어 독립 운동을 이끌었
고, 1945년 인도네시아 독립을 선언했다.

뒤로 미국의 식민지가 되었지. 미국은 1934년에 10년 뒤에 독립시켜 주겠다고 약속
을 했단다. 하지만 태평양 전쟁 때 일본이 쳐들어오는 바람에 독립이 늦어지다가,
1946년에야 필리핀 공화국으로 독립했어.

서아시아도 유럽 여러 나라의 지배에서 벗어나려는 움직임을 보였어. 고대 페르시
아 제국의 땅인 이란은 식민지가 되지는 않았지만, 20세기 초부터 영국과 러시아의
영향 아래 있었어. 1925년에는 팔라비가 쿠데타를 일으켜 왕이 되었는데, 그는 터키
를 본떠 유럽의 제도와 문물을 받아들여서 나라를 바꾸려 했어. 제2차 세계 대전 뒤
에는 유럽 강대국의 간섭에서 벗어나기 위해 석유 산업을 다 국가에서 관리하는 국유
화 정책을 실시했지.

이라크는 오스만 제국의 지배를 받아 오다가, 제1차 세계 대전이 끝난 뒤에는 영국의 보호령이 되었어. 1932년에 독립했고, 제2차 세계 대전 때에는 연합국으로 참전하기도 했지. 하지만 이라크는 왕이 다스리는 군주제 국가였고, 여전히 유럽 강대국의 간섭에 시달렸어. 그러다 1958년에 쿠데타가 일어나 군주제가 사라지고 공화정이 세워졌단다. 이후 유럽 강대국의 영향에서 벗어나려고 노력했지.

아프리카가 깨어나다

제2차 세계 대전이 끝난 직후인 1945년 10월, 영국 맨체스터에서 다섯 번째 범아프리카 총회가 열렸어. 범아프리카 총회는 전 세계 모든 아프리카 인의 단결과 해방을 목적으로 하는 모임이야. 첫 번째 총회는 제1차 세계 대전이 끝난 직후인 1919년에 열렸고, 1920년대에 세 차례 더 열렸어. 그 후 여러 사정으로 열리지 못하다 제2차 대전이 끝나고 다시 열린 거야.

범아프리카 총회에는 이후 아프리카 여러 나라의 정치 지도자가 될 사람들이 많이 모였단다. 나이지리아의 은남디 아지키웨, 케냐의 조모 케냐타, 가나의 크와메 은크루마, 탄자니아의 줄리어스 니에레레, 기니의 아메드 세쿠 투레 등이 참석했어. 이들은 오랫동안 노예제와 식민지 건설로 아프리카를 괴롭혀 온 제국주의 나라들을 물리쳐 아프리카 인을 해방하고, 자유와 민주주의를 위해 싸우자고 뜻을 모았어.

제2차 세계 대전이 끝난 뒤 북아프리카에서 독립 움직임이 가장 먼저 일어났어. 우선 이탈리아의 식민지였던 리비아가 1951년에 독립을 했어. 이듬해에는 이집트의 젊은 장교들이 권력을 잡고 외국 세력의 간섭을 거부하겠다는 뜻을 분명히 했어. 1956년에는 이집트의 가말 압델 나세르 대통령이 수에즈 운하를 아예 국유화해 버렸어.

그러자 영국과 프랑스가 반발했지만, 시대의 흐름
을 거스르지는 못했어.

　같은 해에 프랑스 식민지였던 튀니지와 모로코가
독립을 했어. 프랑스는 끝까지 식민지를 지키려 했
지만 인도차이나에서 베트남에 밀리자 북아프리카
에서도 물러날 수밖에 없었단다.

수에즈 운하
지중해와 홍해를 연결하는 운
하로, 이집트의 북동부에 있다.
길이는 168킬로미터이며, 아
시아와 유럽을 잇는 가장 짧은
항로이다. 1869년에 개통되었
으며, 영국이 관리하다가 1956
년에 이집트가 국유화하였다.

　하지만 프랑스는 알제리만은 놓치지 않으려 했어. 때문에 알제리는 8년 간 피비린
내 나는 독립 전쟁을 치른 끝에 1962년에야 독립했단다.

　사하라 사막 남쪽에서도 독립을 이루려는 움직임은 활발했어. 1951년에 영국이 지
배하던 황금 해안 지역에서 최초로 총선이 실시되었어. 여기서 은크루마가 이끄는

알제리 전쟁 때인 1958년 알제리 사람들이 거리에서 프랑스군은 물러가라며 시위를 벌이고 있다. 알제리 전쟁은
1954년부터 1962년까지 벌어졌다.

가나 공화국 수립을 선언하는 은크루마이다. 은크루마는 가나가 영국의 지배에서 벗어나는 데 큰 역할을 했다.

당이 크게 이겼고, 은크루마는 총리가 되었단다. 그렇다고 당장 독립한 것은 아니고, 얼마동안 영국과 함께 나라를 다스렸어. 그러다가 6년이 지난 1957년, 서아프리카에서 번영을 누리던 옛 왕국의 이름을 따 가나라는 나라를 세웠어.

가나를 시작으로 서아프리카의 여러 지역이 독립의 길을 걸었어. 영국의 지배를 받던 나이지리아, 시에라리온, 감비아, 그리고 프랑스의 지배를 받던 세네갈, 가봉, 코트디부아르 등이 잇달아 독립을 했어.

이렇게 아프리카의 많은 지역이 독립 국가라는 목표를 이루었어. 하지만 새로 만들어진 나라들 앞에는 여러 걸림돌이 있었어. 오랫동안 식민 지배에 시달린 탓에 대부분의 나라들은 경제가 엉망이었고, 여러 정치 세력들 사이에 갈등이 심해 뜻을 하나로 모으기도 쉽지 않았지.

오랫동안 유럽 강대국들의 식민 지배를 받다가 독립했으니, 짧은 시간 안에 그럴듯한 나라를 만드는 것은 누구에게나 무리였을 거야. 도리어 어려운 조건에서도 식민 지배에서 벗어나 독립을 이루려 애쓴 아프리카 인들의 에너지와 희망을 더 소중하게 여겨야겠지.

농민들은 해방의 길로 나설 것이다

머지않아 수백만의 농민이 중국의 중부와 남부 그리고 북부에서 태풍처럼 일어날 것이며, 아무리 강력한 힘이라도 그들을 막을 수 없을 것이다. 그들은 자신들을 옥죄고 있는 모든 굴레를 깨뜨릴 것이며 해방의 길로 내달릴 것이다. 모든 제국주의자들, 군벌들, 부패한 관리, 나쁜 지식인들은 이들 농민의 손에서 제 운명을 맛보게 될 것이다. (…) 그들의 앞에 나가서 그들을 이끌어야 할 것인가? 아니면 그들의 등 뒤에서 그들을 비판할 것인가? 아니면 그들의 반대편에 서서 그들과 싸울 것인가? 모든 중국인들은 이 세 가지 가운데 하나를 자유롭게 선택할 수 있다.

중국의 정치가인 마오쩌둥이 한 연설의 일부이다. 마오쩌둥은 항일 운동과 국민당과의 전쟁을 치르는 동안 농민들과 생활하며 가난한 농민들만이 중국 혁명을 이룰 수 있다고 깨달았다. 그리고 농민들의 지지와 신임을 얻으려고 많은 노력을 기울였다. 마오쩌둥의 이런 노력은 장제스가 이끄는 국민당과 싸워 이기고 중국 혁명을 성공으로 이끄는 데에 밑거름이 되었다. 사진은 마오쩌둥이 1944년 무렵 사람들에게 연설하는 장면이다.

전쟁과 혁명의 주역들

러시아 혁명의 아버지 블라디미르 레닌
(1870. 4. 22 ~ 1924. 1. 21)

세계 최초로 사회주의 나라를 만든 소련의 정치가이다. 혁명 운동에 나섰다가 체포되어 시베리아로 유배를 떠났으며, 풀려난 뒤 러시아 공산주의 지도자로 활약했다. 1917년에 10월 혁명을 일으켜 소련을 세웠다. 1921년에는 경제 활성화를 위해 신경제 정책을 도입했다. 신경제 정책은 사회주의 정책을 거스르는 것으로, 자본주의 시장 경제를 일부 허용한 것이다.

제2차 세계 대전의 승리를 이끈 윈스턴 처칠
(1874. 11. 30 ~ 1965. 1. 24)

제2차 세계 대전에서 연합국의 대표적 지도자로 활약한 영국의 정치가이다. 1900년 처음으로 국회 의원이 되었고, 1940년 총리 자리에 올랐다. 제2차 세계 대전에서는 루스벨트, 스탈린 등과 함께 연합국을 이끌었다. 그 후로도 계속 세계적 지도자로서 이름을 날렸다. 1953년에는 『제2차 세계 대전』이라는 책으로 노벨 문학상을 받았다.

나치스의 독재자 아돌프 히틀러
(1889. 4. 20 ~ 1945. 4. 30)

독일의 정치가이다. 제1차 세계 대전 때 전쟁에 참여해 공을 세워 철십자상을 받았다. 그 뒤 국가사회주의 독일노동자당, 즉 나치스가 되어 1930년 총선거에서 나치스의 세력을 크게 키웠고, 1933년 총리로 임명된 뒤 이듬해 총통 자리에 올랐다. 1939년 유럽 정복의 야망에 불타 제2차 세계 대전을 일으켰다. 히틀러는 전쟁 중에 인종주의론을 내세워 유대 인을 억눌렀는데, 이때 600만 명에 이르는 유대 인들을 죽였다.

이탈리아 파시스트당의 지도자 베니토 무솔리니 (1883. 7. 29 ~ 1945. 4. 28)

이탈리아의 정치가로, 젊은 시절 사회주의 운동에 참여하였다. 하지만 1914년 제1차 세계 대전이 일어나자 전쟁 참가를 주장하다 사회당에서 쫓겨났다. 1919년 파시스트당을 만들어 세력을 키웠으며, 1922년에는 정권을 잡아 독재 체제를 만들어 나갔다. 파시스트당 이외의 모든 정당을 없애 버렸고, 국가의 산업뿐만 아니라 신문·학교·경찰까지 모조리 자기 밑에 두었다. 제2차 세계 대전이 일어나자 독일·일본과 함께 국제 파시즘 세력을 구성하여 연합군에 맞서 싸웠으나 졌다.

프랑스 망명 정부의 지도자 샤를 드골
(1890. 11. 22 ~ 1970. 11. 9)

제2차 세계 대전 때 프랑스 망명 정부를 지도해 전쟁을 승리로 이끄는 데 큰 역할을 한 정치가이다. 제2차 세계 대전이 일어나 프랑스가 독일에 항복하자 영국 런던으로 망명하였다. 그곳에서 드골은 독일과 계속 맞서 싸우자는 라디오 방송을 내보내는 등 프랑스 국민의 애국심을 불러일으키는 활동을 적극 펼쳤다. 또 영국과 프랑스의 식민지에서 자유 프랑스군을 만들어 독일에 맞서 끝까지 싸웠다. 전쟁이 끝난 뒤 1959년 대통령으로 뽑혔다. 대통령으로 있는 동안 처음으로 공산주의 국가인 중국을 승인했다. 이후에도 드골은 미국의 베트남 정책을 반대하는 등 미국과 소련 사이의 틈바구니에서 독자적 외교 노선을 걸었다.

중국 혁명을 이끈 마오쩌둥
(1893. 12. 26 ~ 1976. 9. 9)

중국 정치가로, 젊은 시절 공산주의에 깊이 빠져 1921년에 중국 공산당 창립에 참가했다. 1934년에는 국민당 장제스의 공격을 피해 공산주의자들을 이끌고 대장정에 나서기도 했다. 1937년 중일 전쟁이 일어나자 공산당과 국민당은 제2차 세계 대전이 끝날 때까지 힘을 합쳐 싸웠다. 그러나 1945년 중일 전쟁이 끝나자 공산당과 국민당은 3년 동안 전쟁을 벌였고, 1949년에 마오쩌둥이 중국의 통치권을 손에 넣었다. 같은 해 10월 마오쩌둥은 중화 인민 공화국을 세우고 국가 주석이 되었다.

역사 용어 풀이

민족 자결(民族自決 : 백성 민, 겨레 족, 스스로 자, 결정할 결) 민족의식을 지닌 한 집단이 독자적인 국가를 만들고 자신의 정부를 선택하고 결정하는 일. (158쪽)

통령(統領 : 거느릴 통, 다스릴 령) 모든 것을 한꺼번에 거느림. 또는 그런 사람. (168쪽)

독재 체제(獨裁體制 : 홀로 독, 자를 재, 몸 체, 법 제) 특정한 개인이나 집단, 계급 따위가 모든 권력을 쥐고 일을 마음대로 처리하고 지배하는 상태. (168쪽)

추축국(樞軸國 : 근본 추, 두루마리 축, 나라 국) 제2차 세계 대전 때 연합국에 맞선 나라들. 특히 독일, 이탈리아, 일본의 세 나라를 가리킴. 1936년에 이탈리아의 무솔리니가 "유럽의 국제 관계는 로마와 베를린을 연결하는 선을 추축, 즉 중심으로 하여 변화할 것이다." 라고 연설한 데서 비롯함. (169쪽)

국제 연합(國際聯合 : 나라 국, 사이 제, 연결할 연, 합할 합) 제2차 세계 대전이 끝난 뒤인 1945년에 평화와 안전의 유지, 국제 우호 관계의 증진, 경제적 · 사회적 · 문화적 · 인도적 문제에 관한 국제 협력을 목적으로 만든 국제기구. (173쪽)

국유화(國有化 : 나라 국, 가질 유, 될 화) 국가가 특정 산업이나 기업에 대한 관리를 맡는 것을 말함. 석탄, 전기, 가스, 수송, 철강업처럼 국민들의 생활에 큰 영향을 미치는 대규모 산업을 대상으로 함. (184쪽)

5 미래를 위한 참여와 연대

1987
한국, 6월
민주 항쟁 발생

1990
독일 통일

1991
소련 해체

1993
유럽 연합 출범

2001
미국, 9·11 테러 발생

2011
미국, 월 가 점령 운동
발생

냉전 시대의 유산인 한반도의 판문점.

1945년 8월 15일, 일본이 연합군에 항복하자 수많은 사람들이 서울 거리로 나와 만
세를 불렀어. 우리나라는 35년의 식민지 지배를 끝내고 독립국이 될 꿈에 부풀었
어. 제2차 세계 대전이 끝난 뒤 우리나라뿐 아니라 여러 나라가 식민지에서 독립하여 새
로운 국가를 세웠어. 그러나 한국은 남한과 북한으로 나뉘어 하나의 국가를 만들지 못했
지. 미국과 소련이 이끄는 냉전이 시작되자 한반도에는 전쟁의 먹구름이 몰려왔단다.

셋으로 갈라진 지구촌

냉전이 전쟁을 불러오다

"쾅, 쾌쾅!"

1950년 6월 25일 새벽, 대포 소리와 함께 북한과 남한 사이에 전쟁이 벌어졌어. 한국 전쟁이 시작된 거야. 북한의 인민군은 소련제 전차를 앞세워 순식간에 서울을 점령했어. 얼마 지나지 않아 낙동강 남쪽 지역을 뺀 남한 대부분을 차지했단다.

미국 정부는 북한의 침략에 반대하고 군대의 철수를 요청하는 유엔 결의를 이끌어 냈어. 그리고 16개국 연합군과 함께 서둘러 전쟁에 참여했어. 연합군은 1950년 9월 15일 인천 상륙 작전을 펼쳐 반격의 발판을 마련했어. 그런 뒤에 기세를 몰아 국군과 연합군은 38선을 넘어 압록강까지 밀고 올라갔단다.

그러자 이번에는 중국군이 전쟁에 뛰어들어 북한을 지원했어. 국군과 연합군은 후퇴를 거듭해 38선까지 다시 밀려났지. 그 뒤 전쟁은 38선 부근에서 서로 밀고 밀리면서 3년 동안 이어졌어. 그동안 200만 명에 달하는 엄청난 사람들이 목숨을 잃고, 남과 북의 국토는 폐허가 되고 말았단다.

한국 전쟁은 남한과 북한 사이의 내전인 동시에, 미국과 서유럽을 중심으로 하는 자본주의 진영과 소련과 중국을 중심으로 하는 공산주의 진영 사이에 벌어진 국제 전쟁이기도 해. 그러니까 한반도가 자본주의와 사회주의 나라들이 팽팽하게 맞선 냉전의 희생양이 된 거라고 할 수 있지.

냉전은 한국 전쟁을 거치면서 더욱 굳어졌어. 미국과 소련은 아시아, 아프리카, 서아시아 곳곳에서 사사건건 대립하고 힘겨루기를 했어. 그러면서 경제나 군사 지원 등을 미끼로 세계 여러 나라를 자기들 편으로 끌어들이려고 열을 올렸지. 심지어 자기네 말을 듣지 않으면 군대를 동원하거나 계략을 꾸며 그 나라 정부를 억지로 끌어내리는 일도 서슴지 않았단다.

예를 들어 1954년에 베트남은 프랑스와 맺은 협정에 따라 총선거를 통한 통일을 앞두고 있었어. 그런데 호찌민이 이끄는 세력이 승리할 가능성이 커지자 미국이 끼어들어 방해했어. 호찌민이 미국을 반대하고 소련에 기울어 있다는 것이 이유였지. 결국 베트남은 호찌민이 차지한 북베트남과 미국이 지원하는 남베트남으로 갈라져

1955년 어린이 행사에 참석한 호찌민이다. 호찌민은 젊은 시절부터 독립 운동에 나섰고, 프랑스의 식민 지배에서 벗어난 뒤에는 북베트남을 이끌고 미국이 지원하는 남베트남과 싸웠다.

내전을 벌이게 된단다.

그런가 하면 1956년에 폴란드와 헝가리 국민들이 소련의 통제와 간섭에서 벗어나려 하자, 소련 정부는 군대를 보내 강제로 억눌렀어. 이때 헝가리에서 많은 시민들이 자유를 외치고 소련의 간섭을 반대하다 엄청난 희생을 치렀어.

미국과 소련은 무기를 개발하고 군대를 늘리는 데에도 엄청난 돈을 쏟아부었어. 1958년에 두 나라는 대륙 간 탄도탄 미사일을 개발하고, 핵무기를 개발하는 데 힘을 쏟았지. 두 나라가 핵무기 경쟁을 벌인 탓에 세계는 핵전쟁 공포에 떨어야 했어.

핵전쟁 공포는 1962년 소련 정부가 미국을 공격할 수 있는 핵미사일을 쿠바에 설치하려고 하면서 가장 높아졌어. 미국의 케네디 대통령은 소련이 쿠바에 미사일 기지를 설치하는 것은 미국을 위협하는 것이라며 강하게 반발했어. 또 소련이 미사일 기지 공사를 밀어붙인다면 선전 포고로 받아들여 전쟁을 벌이겠다고 발표했단다.

미국과 소련이 팽팽하게 대립하자 전 세계 사람들은 다시 세계 전쟁이 일어날 것 같아 불안에 떨어야 했어. 다행히 두 나라는 외교 협상을 벌여 서로 양보하기로 의견을 모았어. 결국 미사일을 싣고 쿠바로 가던 소련 선박이 돌아가고 미사일 기지 건설이 멈추었어. 그 대신 미국은 터키에 있던 미국의 대륙 간 탄도탄 기지를 철수하였지. 13일이라는 짧은 기간이었지만 전 세계는 냉전이 가져올 수 있는 핵전쟁의 공포를 새삼 깨달았단다.

냉전의 틈새에서 약소국의 자유와 인권이 짓밟히다

냉전은 1950년대와 1960년대에 걸쳐 전 세계로 퍼져 나갔어. 자본주의 나라와 사회주의 나라는 서로를 적으로 여겼어.

그런데 냉전은 같은 진영으로 뭉쳐 있는 나라들 사이에도 갈등과 적대감을 부추겼단다. 다시 말해 자기 진영을 비판하는 것은 무엇이든 용납하지 않는 공포 분위기를 만들고, 반대하는 세력에게는 억누르는 핑곗거리로 사용한 거야. 그러면서 한쪽에서는 공산주의자를 뒤져 내는 빨갱이 사냥이, 한쪽에서는 자본주의 앞잡이 사냥이 자주 일어났어. 그 과정에서 국민의 자유와 인권은 자주 짓밟혔고 민주주의의 발전은 억눌렸지.

1950년대에는 미국에서 빨갱이 사냥 소동이 아주 떠들썩하게 일어났어. 한국 전쟁이 끝나고 얼마 뒤, 미국의 상원 의원인 조지프 매카시가 미국 안에 사회주의를 지지하고 소련을 몰래 돕는 간첩이 득실댄다며 난리를 쳤어. 그 때문에 수만 명이 조사를 받고 수많은 사람이 죄 없이 감옥에 갇히거나 미국에서 쫓겨났단다. 억울하게 직장에서 쫓겨나거나 처형을 당하기도 했어.

그런가 하면 한국의 이승만 정부를 비롯해 필리핀, 베트남 등 아시아 나라와 아프리카, 남아메리카에 공산주의 반대를 내세우고 미국과 친밀한 독재 정부가 많이 등장했어. 이들 나라에서는 정부에 비판적인 사람은 모두 빨갱이로 몰고, 감옥에 가두었어. 수천, 수만 명이 억울하게 목숨을

1950년대 초 미국 매카시 의원은 미국 안에 공산주의자가 많다고 주장했다. 그 뒤 미국에 빨갱이 잡기 소동이 벌어져 수많은 사람이 조사를 받고 억울하게 감옥 생활을 했다.

잃었으며, 국민은 자유와 인권을 제대로 누리지 못한 채 숨죽여야 했어.

공산주의 진영의 나라에서도 냉전을 핑계로 국민의 자유와 민주주의를 짓밟는 일이 자주 일어났어. 소련의 지도자들은 KGB 같은 비밀경찰 기구를 앞세워 국민들을 감시했으며, 정부에 약간이라도 반대하는 움직임이 있으면 자본주의 국가의 앞잡이라고 몰아붙였지. 그리고 수천만 명을 정당한 재판 없이 비밀 수용소에 가두고 처형하는 공포 정치를 펼쳤어.

KGB
국가 보안 위원회라는 뜻으로, 1954년 이전의 여러 비밀경찰 기구를 합쳐 만들어졌다. 수백만 명의 협력자를 가진 거대 조직이었다. 정보를 수집하고, 외국인 활동을 감시하고, 정부를 비판하는 개인과 단체를 단속했다.

소련의 동맹국인 동유럽의 폴란드와 헝가리, 동독 등도 사정은 비슷했어. 비밀경찰들은 국민들의 일거수일투족을 감시하고, 불만을 터트리는 국민이 있으면 비밀 수용소 등에 잡아 가두었지.

그런가 하면 아프리카에는 소련의 지원을 받아 공산주의 국가가 된 나라들이 있었어. 여기에서는 인종과 부족 갈등이 많았는데, 상대편을 반공주의자로 둔갑시켜 수많은 사람을 죽이는 일도 일어났어.

하지만 냉전을 앞세운 독재와 공포 정치도 인권과 자유, 민주주의를 바라는 사람들의 의지를 꺾지는 못했어. 이들 나라의 국민들은 힘을 합쳐 맞섰고, 조금씩 자유와 민주주의를 찾아갔어. 한국과 쿠바처럼 독재 정부를 무너뜨리고 새로운 정부를 세우기도 했단다.

한국은 1960년에 국민들이 대대적으로 들고일어나 독재를 일삼는 이승만 정부를 무너뜨리고 민주 정부를 세웠어. 그런데 그 이듬해 박정희가 쿠데타를 일으켜 국민들이 세운 민주 정부를 무너뜨렸지. 박정희는 반공과 경제 개발을 앞세워 강력한 독재 정치를 폈어. 하지만 한국 국민들은 여기에 무릎 꿇지 않고 박정희의 독재 정치에 맞서서 투쟁을 멈추지 않았단다.

쿠바에서는 피델 카스트로가 이끄는 군대가 독재 정부를 무너뜨리고 새 정부를 세웠어. 독재 정부를 지원해 오던 미국은 군대를 보내 카스트로 정부를 내쫓으려 했지만 실패했어. 그러자 쿠바 상품 수입을 금지하는 정책을 폈고, 그 바람에 쿠바 경제는 한순간에 어려움에 빠졌단다. 하지만 카스트로는 굴복하지 않고 미국에 맞서는 한편, 소련과 가까워지면서 자기만의 사회주의식 발전을 추구했어.

이 밖에도 1960년대에는 유럽의 에스파냐, 그리스, 체코를 비롯해 아시아의 필리핀과 베트남, 남아메리카의 칠레, 브라질 등 세계 여러 나라에서 독재 정치를 반대하고 민주주의를 발전시키려는 노력을 끊임없이 이어 갔단다.

비동맹 운동이 일어나다

1955년 5월 14일, 소련과 동유럽의 공산주의 나라들은 군사 동맹인 바르샤바 조약 기구(WTO)를 만들었어. 한국 전쟁이 일어나기 전인 1949년에 미국, 영국, 프랑스, 이탈리아, 캐나다 등 12개국이 만든 북대서양 조약 기구(NATO)에 맞서기 위해서였지. 이렇게 자본주의와 공산주의 나라들이 제각기 동맹 기구를 만들면서 냉전 분위기는 더욱 강해졌지.

그런데 그 한 달 전인 4월 18일에는 인도네시아 반둥에서 아시아와 아프리카의 29개 나라 대표가 참가하는 아시아-아프리카 회의가 열렸어. 영국, 프랑스, 독일, 일본 등 제국주의 나라들의 지배나 침략에서 벗어나 새로 나라를 세운 지 얼마 되지 않은 나라들이 참여했어. 인도의 자와할랄 네루, 중국의 저우언라이, 인도네시아의 수카르노, 유고슬라비아의 요시프 티토, 이집트의 나세르 등 각 나라의 지도자들이 반둥 회의에 참석했어. 그들은 더는 강대국의 간섭을 받지 않고 스스로 힘으로 나라를 발

반둥 회의에서 인도네시아의 수카르노 대통령이 연설하고 있다. 여기에 모인 아시아와 아프리카 여러 나라 지도자들은 자본주의와 공산주의 세력 사이의 대결에 끼어들지 않고 세계 평화에 앞장서겠다는 목소리를 높였다.

전시킬 방법을 두고 의견을 나누었어.

그리고 회의가 끝난 뒤 힘센 나라들에 휘둘리지 않으며, 서로 손을 잡고 세계 평화를 위해 함께 노력한다는 내용을 담은 '평화 10원칙'을 선언했단다. 이와 함께 유럽 제국주의 나라들의 식민 지배에서 벗어나려는 모든 노력을 지지한다는 뜻을 분명하게 밝혔어.

반둥에서의 선언은 제2차 세계 대전이 끝나고도 유럽 제국주의 나라들의 식민 지배에서 벗어나지 못하던 아프리카나 서아시아 여러 나라 사람들에게 큰 용기를 주었어. 반둥 회의가 열리고 2년 뒤인 1957년에 영국의 식민지였던 서아프리카의 황금 해안 지역이 가나로 독립한 이후, 아프리카에 독립의 물꼬가 터졌어. 1960년 한 해에만 무려 17개국이 유럽의 지배에서 벗어나 새로운 나라를 세웠어. 그래서 1960년을 '아프리카의 해'라고 해.

아프리카의 해가 지나고 그 이듬해 인 1961년, 유고슬라비아의 베오그라 드에서 비동맹 회의가 열렸어. 이 회 의에 참가한 29개 나라 대표들은 반 둥 회의의 '평화 10원칙' 정신을 이어 받고, 미국과 소련이 이끄는 냉전을

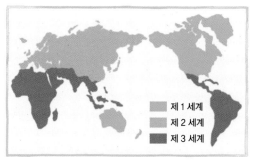

제1세계, 제2세계, 제3세계를 그린 세계 지도이다.

반대한다는 뜻을 분명하게 밝혔어.

"냉전과 군사 동맹은 우리 같은 약소국들의 독립을 해칠 뿐 아니라 세계 평화에도 큰 위협이 된다. 우리는 어떤 동맹에도 들지 않고 서로 힘을 합쳐 우리 문제를 해결하 고 세계 평화를 지켜 나갈 것이다."

비동맹 회의에 참석한 나라들은 냉전의 틈바구니에서 자본주의와 공산주의 어느 쪽 편도 들지 않고 자기 나라의 독립을 지키고 경제를 발전시키는 데에 힘을 쏟았어. 그리고 미국과 소련 모두 비판하며 제3의 길을 걸었어.

미국과 서유럽 등 자본주의 중심의 제1세계, 소련과 동유럽 등 공산주의 중심의 제 2세계와 구별하여 이들 나라는 스스로를 '제3세계'로 불렀어.

제3세계 나라들이 이끈 비동맹 운동은 미국과 소련 등 강대국이 일방적으로 쥐락 펴락하던 세계 질서에 맞서, 모든 나라가 대등하고 자주적으로 참여하는 세계 질서 를 만들려고 애썼어. 그리고 주로 북반구에 있는 제1세계와 제2세계의 간섭을 거부 하고 주로 남반구에 있는 제3세계 나라들이 서로 돕는 '남남협력'의 방법을 찾았어. 이와 함께 미국과 유럽 문화의 영향에서 벗어나 자신들의 문화를 지키고 발전시키는 데 힘을 쏟았단다. 이렇게 아시아, 아프리카, 남아메리카의 새로 독립한 나라들이 국 제 사회에서 점점 제 목소리를 키워 갔어.

내부의 반란자를 몰아내야 합니다

지금 제 손에는 205명의 명단이 (…) 국무장관도 이름을 알고 있는, 그런데도 여전히 국무부에서 일하며 정책을 만들고 있는 공산주의자 명단이 있습니다. (…) 아시다시피 얼마 전 국무장관은 매우 큰 범죄를 저지른 사람에게, 자신을 믿고 큰 직책을 맡긴 국민을 배신하고 일급 반역죄를 저지른 사람에게 충성을 맹세했습니다. (…) 생각이 비뚤어질 대로 비뚤어진 사람들을 이 나라에서 완전히 몰아내야만 도덕적인 반란이 끝날 것입니다. 우리가 정직하고 성실한 정부의 탄생을 다시 보려면 이 반란자들을 몰아내야 합니다.

1950년 2월 9일 미국의 정치가인 매카시가 한 연설의 일부이다. 매카시는 이 연설에서 정부, 공공 기관, 군대를 비롯해 수많은 곳에 공산주의자들이 득실댄다고 주장했다. 연설 도중 매카시는 종이 한 장을 흔들어 보이며 205명의 이름이 있다고 우겼지만, 그 명단을 밝힌 적도 없고 그 주장을 뒷받침할 증거도 내놓지 않았다.

매카시가 폭탄 발언을 한 뒤에 미국에는 공산주의자를 잡아내는 '마녀 사냥' 바람이 몇 년을 휩쓸었다. 하지만 시간이 흘러서 매카시의 주장이 전혀 근거 없다는 사실이 밝혀졌다. '매카시즘'은 적을 공산주의자로 몰아 무조건 공격하거나, 중상모략 같은 행동을 일컫는 말로 자리 잡았다. 사진은 매카시이다.

미국 경제 번영을 상징하는 맨해튼 고층 빌딩.

1960년대 중반 무렵, 미국을 비롯한 자본주의 나라들은 놀라운 경제 성장을 이루고 물질적 풍요를 누렸어. 소련과 공산주의 나라들도 경제 성장과 개발에 힘을 쏟았지만 점차 자본주의 나라들에 뒤처졌어. 다른 한편으로 지구 차원에서 함께 해결해야 할 여러 문제들이 나타났고, 시민들의 자발적인 움직임이 활발해졌단다.

경제 팽창과 시민 사회의 성장

1960년대 중반 미국과 소련 사이에 화해 분위기가 싹트면서 냉전이 조금은 수그러들었어. 쿠바 미사일 위기를 겪은 뒤 미국과 소련은 물론 전 세계가 냉전의 위험에 대해 깨달은 바가 있었던 거야.

이런 가운데 미국을 비롯해 자본주의 나라에서는 경제가 눈부시게 성장했어. 특히 미국은 제2차 세계 대전 이후 세계 경제를 자기 뜻대로 이끌어 가면서 세계 최고의 부자 나라로 우뚝 섰단다.

냉전으로 군사비가 엄청나게 늘고, 과학 기술이 발전한 것도 미국의 경제 성장을 부추겼어. 정부가 엄청나게 무기를 사들이고 국방, 핵에너지, 우주 탐사 등 군사 목적의 연구에 돈을 쏟아부으면서 군수 산업은 말할 것도 없고 우주, 전자, 컴퓨터 산업도 크게 발전했어.

이 무렵 미국 사람들은 세계 어느 나라보다 풍족하고 여유 있는 생활을 누렸단다. 그런 미국의 모습은 영화나 방송 프로그램으로 널리 퍼져 전 세계 사람들의 부러움을 샀고, 미국의 음악, 음식 등도 큰 인기를 끌었지.

서독과 일본 사람들도 경제가 발전해 풍요로운 생활을 누렸어. 두 나라는 제2차 세계 대전에서 진 뒤 한때 큰 어려움을 겪었어. 하지만 미국이 공산주의 세력이 유럽과 아시아에서 퍼지는 것을 막기 위해 지원을 아끼지 않은 덕분에 빠르게 경제 성장을 이룰 수 있었단다. 특히 일본은 한국 전쟁 때 전쟁에 쓰이는 많은 물자를 생산하며 경제 성장의 발판을 마련했어. 1960년대 말에는 자동차, 조선, 전자 등 여러 분야에서 미국, 서독 등과 경쟁하며 세계 경제를 이끄는 수준으로 발돋움하였지.

이처럼 자본주의 나라들이 경제 성장과 풍요를 누리는 가운데, 유럽 나라들을 중심으로 복지 제도가 점차 자리 잡기 시작했어. 영국, 프랑스, 덴마크, 핀란드 등 여러 나라에서 산재 보험, 질병 보험, 노령 연금, 고용 보험, 가족 수당 등의 복지 제도가 실시되었고, 사회 서비스 제도도 크게 늘어났지.

거의 모든 사람이 복지 혜택을 받았으며, 복지 비용도 크게 늘었어. 그러면서 출생, 육아, 교육, 질병, 사고, 실업, 노쇠, 사망 등 "요람에서 무덤까지" 인간의 기본적 생활을 국가가 책임지는 복지 국가가 자리를 잡았어.

그래서 1960년대를 복지 국가의 황금기라고 해. 이 시기에는 거의 모든 사람이 일자리가 있었고 임금도 많이 올랐으며, 사고 싶은 물건을 맘껏 살 수 있었어. 많은 노동자들이 자가용, 텔레비전, 냉장고, 세탁기를 갖추었고, 해외여행을 즐길 수 있게 되었어. 20세기 초반만 해도 세계 최고의 갑부들도 좀처럼 누릴 수 없던 풍요로운 삶을 이제 평범한 노동자들까지 누릴 수 있게 된 거야.

> **요람에서 무덤까지**
>
> 1942년 영국 경제학자 윌리엄 베버리지가 발표한 보고서에 나온 말이다. 베버리지는 사회 보장이나 사회사업이 마주하게 되는 궁핍, 질병, 불결, 무지, 태만의 5대 사회악을 지적하고, 사회 보장은 이 가운데 궁핍을 해결하기 위한 것이라고 말했다. 그리고 '요람에서 무덤까지' 모든 국민의 최소 생활을 보장하는 사회 보장 제도를 주장했다.

한편 소련과 동유럽의 공산주의 나라들도 경제 개발과 성장에 매달렸어. 그러면서 "국민 모두가 자동차를 갖는 것"을 목표로 내세웠어. 자본주의 나라들과 같은 목표를 내걸어 이룬 뒤에, 공산주의가 자본주의보다 더 낫다는 것을 보여 주어야 했지.

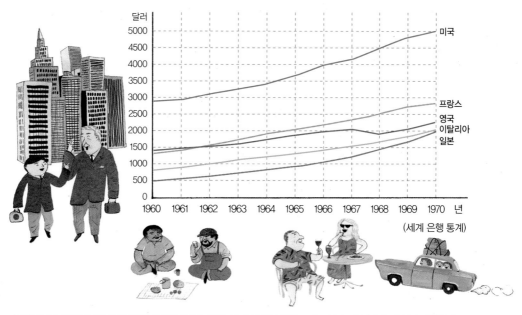

달러
5000
4500
4000
3500
3000
2500
2000
1500
1000
500
0

미국
프랑스
영국
이탈리아
일본

1960 1961 1962 1963 1964 1965 1966 1967 1968 1969 1970 년

(세계 은행 통계)

1960년부터 1970년까지 여러 선진 자본주의 나라 1인당 국내 총생산 변화 그래프이다. 이 시기에 미국 등 자본주의 나라들의 경제는 매우 빠르게 성장하면서 국민 1인당 생산과 소득이 늘어나 경제 호황을 누렸다.

하지만 목표를 이루는 방식은 달랐어. 공산주의 나라들은 스탈린 시대의 소련을 본받아 중공업 발전을 중심으로 하는 공산주의 계획 경제 체제를 세웠어. 정부가 세운 경제 계획에 따라 어떤 산업이나 공장에서 어떤 물건을 얼마나 생산할지를 결정했고, 전국의 인적·물적 자원을 중공업에 쏟아부었지.

그 때문에 1950년대에는 공산주의 나라들이 자본주의 나라들보다 경제 발전 속도가 빨랐어. 원래 경제가 덜 발달했던 나라들이어서 성장 속도가 더 빠르기도 했어. 공산주의 나라들에서 경제가 빠르게 성장하자, 한동안 공산주의 계획 경제가 자본주의 시장 경제보다 나은 듯이 보였어.

하지만 1960년대 중반부터 공산주의 나라들의 경제 성장률이 떨어지기 시작했어. 경제 규모가 커지면서 공산주의 계획 경제가 효율적이지 못하다는 게 드러났어. 관료들은 경제적 수요를 빠르고 정확하게 파악하지 못했고, 따라서 자원을 효율적으로 사용할 수 없었어.

게다가 중공업 발전을 우선하다 보니 국민들은 늘 생활에 필요한 상품들이 부족해 어려움을 겪어야 했어. 자본주의와 경쟁하려고 군사비 지출을 너무 많이 늘린 것도 경제 성장을 가로막는 걸림돌이 되었지. 공산주의 나라들에서도 경제가 빠르게 성장했지만, 곧바로 국민들이 풍요롭게 생활하지는 못했어. 결국 공산주의 나라들의 경제 성장은 오래가지 못했단다.

경제 성장이 또 다른 그늘을 만들다

1960년대에 자본주의 나라와 공산주의 나라 모두 경제 개발과 성장에 매달렸어. 그러면서 유럽과 미국을 비롯해 많은 나라 사람이 이전에는 상상할 수도 없던 풍요로운 생활을 누렸지. 하지만 다른 한편에서는 전 세계인의 생존을 위협하는 문제들도 나타나기 시작했어.

바로 인구 폭발, 자원 고갈, 환경 오염, 잘사는 나라와 못사는 나라 사이의 갈등 등이지. 그 가운데 가장 큰 문제로 꼽을 수 있는 것이 환경 오염과 나라들 사이의 경제적 불평등이야.

1950년대와 1960년대에 세계 여러 나라에서는 늘어나는 도시 사람들의 거처와 공장 터를 마련하려고 나무를 엄청나게 베어 냈어. 그 때문에 숲은 사라지고 사막이 늘어났지. 거리에는 자동차가 넘치고 끊임없이 도로가 건설되었어. 도시에는 소음과 매연이 가득 찼지. 그러자 지구 차원에서 환경 오염을 비판하는 목소리가 커졌단다.

1962년 미국의 작가 레이첼 카슨이 『침묵의 봄』이라는 책을 펴냈어. 그 몇 년 전, 카슨은 매사추세츠 주에 사는 친구에게 편지를 받았어. 친구는 편지에 정부의 비행기가 모기를 없애려고 숲속에 디디티(DDT)라는 살충제를 뿌린 뒤로 자기가 기르던 많은 새들이 죽었다고 썼단다.

친구는 디디티를 사용한 정부에 항의했으나, 미국 정부는 이를 무시해 버렸어. 그러자 친구는 신문사에 항의 편지를 보내고 카슨에게 편지를 보냈던 거야. 카슨은 사실을 조사한 뒤 살충제 사용의 위험을 알리는 책을 내기로 결심했지. 언론이 비난하고 살충제 회사들이 끈질기게 방해했지만, 카슨은 용기 있게 책을 펴냈단다.

카슨의 책은 환경 문제에 대한 관심을 불러일으키고, 미국 정부의 정책을 바꾸었으며, 현대적인 환경 운동을 일으켰어. 그리고 암 연구소는 디디티가 암을 일으킨다며 디디티 사용을 금지시켰단다.

1963년 케네디 대통령은 환경 문제를 다루는 자문 위원회를 구성했고, 1969년 미국 의회는 국가 환경 정책법을 만들었지. 『침묵의 봄』을 읽은 한 상원 의원은 케네디 대통령에게 전국을 돌며 환경 문제를 널리 알리자고 건의했으며, 이를 계기로 4월 22일이 '지구의 날'로 정해졌어.

그런가 하면 1972년 세계 지식인들이 모인 로마 클럽에서는 「성장의 한계」라는 보고서를 발표했어. 환경을 파괴하는 개발을 멈추고 새로운 방식의 발전 모델을 만들어야 한다고 주장하는 내용이었어.

한편 북반구와 남반구의 빈부 차이는 심각한 문제였어. 미국과 유럽, 일본 등 지구 북쪽의 나라들은 경제 성장을 거듭하며 번영을 누렸어. 반면 지구 남쪽에 자리한 아프리카와 남아메리카의 여러 나라들은 아주 심한 가난과 경제적 불평등에 시달렸지. 즉, 잘사는 나라와 못사는 나라, 잘사는 사람과 못사는 사람의 차이가 점점 더 벌어진 거야.

제2차 세계 대전 이후 유럽과 미국의 식민지였던 아시아와 아프리카 여러 나라는 독립은 이루었지만, 모든 산업에서 미국과 유럽 등 앞선 자본주의 나라들에 의지할 수밖에 없는 처지였어. 이들 나라는 오랫동안 식민 지배를 받으며 자원을 빼앗겼으므로 자본을 모을 수도, 기술을 개발할 수도 없어 경제를 발전시키기 어려웠어. 그래서 지하자원이나 농산물을 싼값으로 선진국에 팔고, 선진국의 공업 제품을 비싼 값에 사다 써야 했지.

1960년대에 선진국은 더욱 부유해져 갔고, 후진국과의 빈부 차이는 점점 커져 갔어. 가난한 나라가 늘어난다는 것은 물건을 팔 시장이 줄어든다는 뜻이기도 해서 세계 경제의 발전에도 걸림돌이 돼. 불평등을 해결해야만 경제가 발전하는 것은 물론 모두가 사람답게 살며, 함께 어우러지는 지구촌이 될 수 있단다.

1960년대 미국과 유럽 나라들은 풍요로운 생활을 즐겼지만, 아시아와 아프리카의 여러 지역에서는 많은 사람들이 굶주림과 병에 시달렸다.

더 나은 세계를 바라는 움직임이 활발해지다

1968년 3월 프랑스 낭테르 대학 학생들이 미국의 베트남 공격에 항의하려고 미국계 회사의 건물을 점거했다가 체포되었어. 그러자 낭테르 대학교 사회학과 학생들이 이번엔 대학교를 점거했단다. 이들을 진압하려고 경찰이 낭테르 대학의 문을 닫자, 대학생들은 그해 5월 파리의 소르본 대학에 모여 시위를 계속했어. 이 시위에 프랑스의 유명한 지식인 장 폴 사르트르, 모리스 블랑쇼, 장 뒤비그노 등이 참여하면서 거대한 사회 운동으로 발전했단다.

1960년대 후반 이후 프랑스 파리를 비롯해 세계 곳곳에서 베트남 전쟁에 반대하는 학생 운동이 거세게 일어났어. 미국은 북베트남의 공산주의 정부에 맞서 남베트남 군사 정부를 지원하며 전쟁에 끼어들었어. 그러자 미국의 대학생들은 다른 나라의 전쟁에 끼어드는 미국의 외교 정책에 반대하고 군대에 가기를 거부했단다. 프라하, 파리, 런던, 도쿄, 샌프란시스코, 베이징까지 학생 운동이 전 세계로 번져 갔어.

1968년 혁명, 즉 68혁명에는 학생뿐 아니라 노동자도 함께했어. 또 유대 인, 아랍 인, 흑인 등 인종을 가리지 않고 힘을 모았어. 이들은 사회당이나 공산당의 지도를 받지 않았으며 스스로의 힘으로 싸워 나갔어. 이들을 '신좌파'라고 불러.

68혁명은 정치 권력을 바꾸는 것보다 사회와 문화를 바꾸는 데 더 관심을 기울였어. 68혁명을 이끈 젊은 세대는 나이 든 세대의 오랜 관습과 전통, 엄격한 성도덕을 모두 거부했지. 그래서 68혁명은 나이 든 세대에게 커다란 충격을 주었단다.

1960년대 전쟁 반대 운동을 이끌었던 젊은 세대는 나이 든 세대가 만든 모든 것을 엎어 버리자고 외쳤지. 눈앞에서 벌어지고 있는 사회 문제를 모르는 척하는 것이 마음에 들지 않았던 거야. 특히 베트남 전쟁은 젊은 세대와 나이 든 세대 사이의 의견 차이를 잘 드러내는 사건이었어.

신좌파 가운데 폭력 투쟁과 테러를 주장한 사람
도 있었지만, 대다수는 폭력보다는 삶의 방식을 근
본적으로 바꾸자는 주장을 펼쳤단다. 이때 헨리 소
로, 톨스토이, 간디의 사상은 이들에게 큰 영향을
끼쳤어. 미국의 마틴 루터 킹 목사는 비폭력 운동을
통해 흑인에게도 백인과 같은 동등한 권리와 정치
에 참여할 권리를 달라고 요구한 것으로 유명하지.

그런가 하면 1960년대 후반부터 유럽 나라에서

는 다양한 시민 사회 조직이 새로운 사회 운동을 벌이기 시작했어. 그러면서 남자와
여자의 평등한 권리를 주장하는 페미니즘, 자연환경의 보호를 강조하는 생태주의 운
동, 정치적 이유로 박해받는 양심수의 권리를 지키려는 인권 운동, 제3세계의 빈곤과
저개발을 해결하려는 운동이 널리 퍼졌어.

세계를 바꾸려는 이상을 품은 이들은 정부, 정당, 노조는 변화를 이끌어 내지 못한
다고 비판하며 직접 나서서 실천할 것을 강조했어. 때로는 색다른 시위를 벌여 사람
들의 관심을 끄는가 하면, 새로운 대중문화를 창조했어. 그러면서 정치와 문화에 변
화의 바람을 불러일으켰지.

죽은 듯 고요한 봄이 찾아왔다

어느 날 낯선 병이 이 지역을 뒤덮어 버리더니 모든 것이 변하기 시작했다. 나쁜 마술의 주문이 마을을 덮친 듯했다. 닭들이 이상한 질병에 걸렸다. 소 떼와 양 떼가 병에 걸려 시름시름 앓다가 죽었다. 마을 곳곳에 죽음의 그림자가 드리웠다. 농부들의 가족도 앓아누웠다. (…) 낯선 정적이 감돌았다. 새들은 도대체 어디로 가 버린 것일까? 놀란 마을 사람들은 자취를 감춘 새에 대해 이야기했다. 새들이 모이를 쪼아 먹던 뒷마당은 버림받은 듯 쓸쓸했다. 주변에서 볼 수 있는 단 몇 마리의 새들조차 다 죽어 가는 듯 심하게 몸을 떨었고, 날지도 못했다. 죽은 듯 고요한 봄이 온 것이다. 한때 새벽이 오는 것을 알렸던 울새와 개똥지빠귀, 비둘기, 어치, 굴뚝새들의 노래는 이제 사라져 버렸고, 오직 침묵만이 들판과 숲 그리고 늪을 덮고 있었다. (…) 사과나무에 꽃이 피었지만 꽃 사이를 윙윙거리며 옮겨 다니는 꿀벌을 찾을 수 없으니 가루받이가 이루어지지 않아 열매를 맺지 못했다.

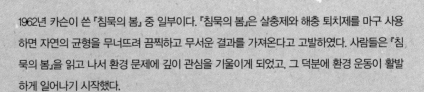

1962년 카슨이 쓴 『침묵의 봄』 중 일부이다. 『침묵의 봄』은 살충제와 해충 퇴치제를 마구 사용하면 자연의 균형을 무너뜨려 끔찍하고 무서운 결과를 가져온다고 고발하였다. 사람들은 『침묵의 봄』을 읽고 나서 환경 문제에 깊이 관심을 기울이게 되었고, 그 덕분에 환경 운동이 활발하게 일어나기 시작했다.

1989년 체코슬로바키아에서 공산주의에 반대하며 일어난 벨벳 혁명 기념 조각.

19 70년대 중반 이후 세계 질서는 빠르게 바뀌었어. 세계 경제가 어려워지면서 미국과 영국에서는 신자유주의가 시작되고, 소련에서는 개혁과 개방 정책이 펼쳐졌단다. 하지만 한국을 비롯해 아시아와 남아메리카 나라들은 경제 성장을 거듭했고, 이를 바탕으로 민주화가 이루어졌어. 이제 민주주의는 세계가 지지하는 정치 제도가 되었지.

세계 질서의 변화

신냉전 시대가 열리다

1973년과 1979년 사이 아랍의 석유 생산국들은 석유 수출국 기구 회의에서 여러 차례 석유 가격을 올리겠다고 발표했어. 1960년대에 이슬람 문명권 여러 나라와 유대 인이 세운 나라인 이스라엘은 여러 차례 전쟁을 벌였는데, 미국과 유럽이 일방적으로 이스라엘 편을 들었어. 그래서 항의의 표시로 석유 가격을 올린 거였지. 불과 7년 사이에 석유 가격이 3달러에서 26달러로 8배 넘게 뛰어올랐단다.

석유 가격 인상으로 세계 대부분의 나라에서 경제가 크게 어려워졌어. 특히 경제가 한창 좋을 때 복지 제도를 많이 실시했던 미국과 유럽 나라들은 타격이 더 컸어. 공장이 줄줄이 문을 닫고, 세금이 잘 안 걷히는 데다가 직장을 잃은 사람들이 늘자 복지 비용이 크게 늘어나 나라 살림이 어려워졌어.

결국 미국과 영국, 프랑스, 독일 등 유럽 나라에서 모든 사람들이 일자리를 갖는 완전 고용이 힘들어졌어. 부자들은 더 이상 세금을 낼 수 없다며 등을 돌렸고, 노동자들은 복지 혜택을 줄여서는 안 된다며 거리에 나섰지. 사회 갈등이 커지자 복지 국가를 만들자고 주장하는 정당도 인기를 잃었단다.

이러한 분위기 속에서 영국에서는 마거릿 대처가 총리가 되고, 그 이듬해 미국에서는 로널드 레이건이 대통령이 되었어. 대처와 레이건 정부는 강한 나라를 만들겠다며 강한 군사력, 철저한 반공주의, 복지 제도의 대대적인 정리를 주장했어.

영국의 대처 총리와 미국의 레이건 대통령이다. 두 사람은 신자유주의 정책을 펼친 대표적인 지도자이다.

대처와 레이건은 세금이 많으면 기업이 투자를 꺼리고 부자가 소비를 하지 않는다며 기업과 부자들이 내는 세금을 낮췄어. 그리고 복지 정책은 가난한 사람들의 자립심을 빼앗고 의존심을 키워 준다며 여러 복지 제도를 없애거나 혜택을 줄여 버렸지.

하지만 대처와 레이건의 정책은 큰 효과가 없었단다. 오히려 경기 불황이 더 오래가고 부자와 가난한 사람의 차이가 벌어지면서 사회 갈등이 커졌지. 복지 제도가 없어진 탓에 가난한 사람은 어떤 도움도 받지 못한 채 도시의 거리를 헤매며 구걸로 하루하루를 힘겹게 살아갔어. 또 범죄가 크게 늘어나 치안이 매우 불안해졌지.

한편 대처와 레이건은 공산주의 국가에 대해 매우 강한 태도를 취했어. 소련이 군사비를 늘리는 것을 비난하는 동시에 자본주의 나라들도 군사비를 늘려서 소련에 맞서야 한다고 주장했지.

그렇지만 이런 정책 역시 큰 성공을 거두지 못했어. 우선 핵무기가 늘어나면서 세계는 또다시 핵전쟁의 위험에 빠져들었어. 또 다른 나라들의 군사 문제에 끼어들자 세계 곳곳에서 미국에 반대하는 움직임이 더욱 활발해졌어. 미국이 레바논 내전에 끼어들자 1983년 폭탄 테러 공격을 받아 241명이나 되는 미군이 죽는 일도 일어났어. 이후 미국인을 상대로 한 테러 공격이 점점 늘어났지.

미국의 레이건과 영국의 대처가 한창 신자유주의 정책과 냉전 정책을 밀고 나가던 무렵인 1985년, 소련에서는 미하일 고르바초프가 새로운 지도자로 등장했어. 그는 안으로는 공산주의 체제의 개혁을 부르짖고 밖으로는 냉전을 끝내기 위해 노력했어.

고르바초프는 왜 이런 정책을 들고 나왔을까? 당시 소련은 경제 정책이 실패해 매우 어려웠어. 미국의 레이건이 소련을 이기려고 무기 개발에 돈을 쏟아붓자 이에 맞서느라 상황은 더 어려워졌지. 게다가 소련은 1979년부터 계속해서 소련 편을 드는 아프가니스탄 정부를 돕는다며 군대와 무기를 엄청나게 쏟아붓고 있었어. 하지만 전쟁은 끝날 기미가 보이지 않았고, 소련의 부담은 눈덩이처럼 불어났지.

고르바초프는 크게 두 가지 방향에서 국내 개혁을 펼쳤어. 하나는 자본주의 시장 경제 방식을 들여와 소련 경제를 바꾸는 페레스트로이카 정책이야. 또 하나는 개인의 자유와 정치적 자유를 허용하는 글라스노스트, 즉 개방 정책이었지.

한편 나라 밖에서는 아프가니스탄에서 군대를 철수하고, 미국과 핵무기를 줄이자고 조약을 맺으면서 냉전 정책을 포기했어. 이와 함께 동유럽에 대해서 더는 간섭하지 않겠다고 선언했지. 세계 많은 사람들이 소련의 개혁과 그 개혁이 불러일으킬 변화에 큰 기대를 걸었단다.

아시아 여러 나라가 빠르게 성장하다

1980년대로 접어들 무렵부터 전 세계의 눈이 점차 아시아로 쏠렸어. 유럽과 미국이 석유 파동을 두 차례 겪으며 경제가 나빠진 것과 달리, 일본을 선두로 아시아 여러 나라가 아주 빠르게 경제 성장을 이어 가고 있었거든.

1960년대 말 이미 일본은 세계 제2의 경제 대국으로 올라섰어. 그리고 1970년대를 거치면서는 미국을 뛰어넘어 세계 최고의 경제 대국 자리를 넘보기 시작했어. 일본이 크게 성장할 수 있었던 것은 높은 기술 수준과 새로운 생산 방식 때문이야.

소니, 토요타 등 일본 기업들은 기술 개발에 힘을 쏟아 질 좋은 제품을 낮은 비용으로 생산했고, 미국과 유럽의 기업과 경쟁을 벌여 이겼어. 덕분에 전자제품, 자동차 등 일본 제품들은 세계 곳곳에서 큰 환영을 받았고 세계 1위의 자리에 올랐지.

한국을 비롯해 타이완, 싱가포르, 홍콩, 인도네시아, 말레이시아, 필리핀, 타이 등도 경제 개발에 열을 올리며 일본의 뒤를 추격했어. 그래서 1980년대에 이들 나라가 세계 경제에서 차지하는 비중은 크게 높아졌단다.

특히 한국의 발전은 놀라웠어. 한국은 1960년대 초까지만 해도 아시아의 필리핀, 타이 등과 비교도 안 될 정도로 가난했어. 하지만 박정희가 1960년대부터 수출을 중

1980년대 말 일본 토요타 자동차 공장이다. 일본은 생산 과정과 기술을 완전히 새롭게 하여 값싸고 질 좋은 자동차를 생산하고 세계 자동차 시장에서 미국과 겨루었다.

심으로 하는 경제 개발을 밀어붙이면서 20여 년 사이에 크게 발전했지. 이를 발판으로 1980년대에도 성장을 거듭했어. 그래서 1980년대에는 타이완, 싱가포르, 홍콩 등과 함께 아시아의 '네 마리 호랑이'라 불리며 세계의 주목을 받았단다.

그런데 이들 나라 대부분이 독재 정부가 경제 개발을 이끈 탓에 여러 문제가 나타났어. 농촌과 도시의 빈부 차이가 크게 벌어지고, 노동자들은 낮은 임금에 시달려야 했지.

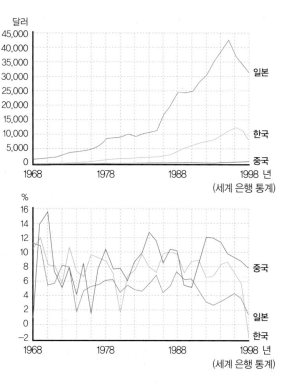

1960년대 말부터 1990년대 말 사이의 동아시아 나라들 1인당 국내 총생산(위쪽)과 국내 총생산 성장률 변화(아래쪽) 그래프이다.

무엇보다 독재 정부는 권력을 계속 쥐기 위해 국민의 자유와 민주주의를 억눌렀단다. 정부를 비판하는 사람들을 감옥에 가두고, 언론의 자유도 억눌렀지. 결국 민주주의를 바라는 국민들이 힘을 모아 독재 정부를 하나둘 무너뜨리게 되었단다.

그런가 하면 공산주의 나라인 중국도 1970년대 말부터 경제 개혁과 개방에 나섰어. 1960년대 마오쩌둥이 이끈 문화 대혁명 탓에 많은 사람이 죽고 다치는 큰 혼란을 겪었어. 그 바람에 경제는 엉망이

문화 대혁명

1966년 마오쩌둥의 주장으로 시작되었다. 마오쩌둥은 중국이 자본주의에 물들어 가고 있다고 주장하며 이런 것들을 없애기 위해 문화 혁명이 필요하다고 주장했다. 문화 대혁명으로 많은 사람이 감옥에 갇히고 농장 등에서 고된 노동에 시달려야 했다. 1976년 마오쩌둥이 죽으면서 끝났다.

되었고 국민들의 생활은 비참할 지경이었지. 이를 극복하기 위해 나라의 문을 열게 된 거야.

1978년 이후 중국의 지도자 덩샤오핑은 농업, 공업, 국방, 과학 기술 부문에서 과감하게 현대화 정책을 펼쳤어. 덩샤오핑은 "흰 고양이든 검은 고양이든 쥐만 잘 잡으면 된다."며 정치는 공산당이 이끌면서, 경제에는 자본주의 방식을 과감하게 받아들였어. 민간 기업을 허용하고, 개인이 시장에서 물건을 팔아 이익을 얻을 수 있도록 했지. 또 외국 기업의 투자도 받아들였어.

그 뒤 20여 년 동안 중국 정부는 공산당이 이끄는 정치 체제를 유지하면서, 다른 한편으로 국가가 주도하는 자본주의 경제 방식을 들여와 경제 개발과 성장을 매우 빠르게 이루었지. 농민들은 자기가 키운 농산물을 시장에 내다 팔아 생활 수준이 크게 나아졌어. 그리고 외국에서 투자가 크게 늘어 곳곳에 공장이 들어섰어. 상하이 등 큰 도시에는 하루가 다르게 높은 빌딩이 늘어났단다. 해마다 9퍼센트 가까운 성장률을 기록하여 세계를 놀라게 했지.

하지만 중국 역시 경제 발전 과정에서 여러 문제가 나타났어. 관리의 부패가 심해지고, 부자와 가난한 사람, 도시와 농촌, 지역과 지역 사이의 소득이 매우 심하게 차이가 났어. 그에 따라 공산당 1당 독재를 반대하고 더 많은 민주주의를 요구하는 국민들의 목소리가 커져 갔단다.

민주화 바람이 세계 곳곳에서 불다

1970년대까지만 하더라도 민주주의가 제대로 실현되는 나라는 미국과 서유럽, 북유럽의 30여 개 나라 정도였어. 그 밖의 대부분의 나라에서는 독재 정부가 힘으로 국

1988년 8월 칠레에서 시민들이 독재자 피노체트를 몰아낸 뒤 기뻐하고 있다. 1980년대 말 피노체트를 반대하는 칠레 국민들의 시위가 거세지면서 피노체트는 대통령 자리에서 물러났다.

민들의 자유와 민주주의를 억압하였지. 하지만 1970년대 중반 이후 남유럽을 시작으로 아시아, 남아메리카, 동유럽 등 세계 곳곳에서 독재 정부를 무너뜨리려는 민주화 바람이 불기 시작했어.

1970년대 중반 그리스, 포르투갈, 에스파냐 등 남유럽 3국에서 국민들이 저항 운동을 벌였어. 그 결과 군사 정부가 물러나고 권력이 국민들의 힘으로 세운 정부로 옮겨 왔지. 1974년 포르투갈에서 독재가 끝났고, 1975년 에스파냐에서는 독재자 프란시스코 프랑코가 죽은 뒤 평화적으로 민주화가 이루어졌어.

곧이어 남아메리카에서도 민주화 바람이 불었어. 1978년 도미니카 공화국에서 시작하여 브라질, 아르헨티나, 칠레 등을 거쳐 1991년 아이티에 이르기까지 민주화가 번져 갔단다.

1987년 한국에서 민주화 시위 도중 숨진 연세대학교 학생 이한열의 장례식을 치르는 모습이다. 이한열이 경찰이 쏜 최루탄에 맞아 숨지자 많은 시민들이 시위에 나서서 한국의 민주화 발전을 앞당겼다.

아시아 지역의 민주화는 1986년 필리핀에서 시작되었어. 페르디난드 마르코스 독재 정권이 '민중의 힘'이라고 불리는 시민 혁명으로 무너졌어. 그 뒤 민주화를 향한 열기는 한국, 타이완, 타이, 인도네시아 등으로 퍼졌어.

1987년 6월 한 달 동안 한국의 전국 곳곳에서 수많은 사람들이 시위를 벌였단다. 6월 10일에는 서울을 비롯한 전국 22개 도시에서 24만 명이 넘게 참여한 민주화 집회가 열렸어. 앞선 1월에 서울대 박종철 학생이 치안본부에서 고문을 당하고 목숨을 잃은 일이 있었는데, 그 일로 수많은 사람이 분노하여 떨쳐 일어난 거야. 거기에 대통령을 직접 뽑을 수 있도록 헌법을 바꾸자는 요구까지 보태졌지.

1987년 6월 민주화 운동은 1960년 4·19 혁명 이후 최대 규모의 거리 시위였어. 군사 정부는 시위대를 해산하려고 폭력으로 억누르고, 전국에서 3,800여 명의 시위 참가자를 마구 잡아갔어.

하지만 국민들의 민주화 요구는 거침없이 번져 갔어. 그리고 마침내 여당과 야당이 합의로 6공화국 헌법을 만들고 민주화 조치를 실행하기로 결정했단다. 6월 민주화 운동은 군사 정권을 결정적으로 끝장낸 거대한 저항 운동으로서, 한국의 민주주의가 크게 발전하는 계기가 되었단다.

비슷한 시기에 동유럽 사람들 사이에서도 개혁에 대한 요구와 기대가 풍선처럼 부풀어 올랐어. 동유럽 사람들 역시 고단한 삶을 살기는 마찬가지였어. 당과 정부의 독재 아래서 고통받고, 일자리와 먹을 것도 부족했어. 거기다 소련의 간섭이 계속되어 사람들의 불만은 점점 높아졌지. 그러던 차에 고르바초프가 더 이상 동유럽에 간섭하지 않겠다고 선언하자, 그간 쌓인 불만이 개혁에 대한 요구로 터져 나왔어.

동유럽의 반체제 운동은 처음에는 적은 사람들의 참여로 시작됐지만 점차 수많은 사람이 참여하는 운동으로 발전했단다. 아무도 넘보지 못할 것 같던 소련과 동유럽의 공산당은 1980년대부터 내부의 새로운 도전에 맞닥뜨린 거야.

1889년 헝가리의 부쿠레시티에서 시민들이 공산당 정부에 항의하는 시위를 벌이고 있다. 헝가리를 시작으로 해서 동유럽에서는 시민들의 시위로 공산당 정부가 잇달아 무너지고 새로운 정부가 들어섰다. 왼쪽은 동유럽 공산주의 반대 민주화 시위 확산 지도이다.

지도 속 표기:
- 1989 베를린 장벽 붕괴 / 1990 독일 통일
- 1980 자유 노조 운동 / 1990 바웬사 집권
- 서독 / 베를린 / 동독 / 독일 연방 / 본
- 바르샤바 / 폴란드
- 프라하 / 체코
- 슬로바키아 (1993)
- 1988 시장 경제의 도입 / 1993 슬로바키아 분리 독립
- 헝가리
- 1990 자유 선거 / 루마니아
- 슬로베니아
- 크로아티아
- 보스니아 헤르체고비나
- 1991 유고슬라비아 내전 / 1992 유고슬라비아 해체
- 유고슬라비아 연방
- 1989 차우셰스쿠 정권 붕괴
- 소피아 / 불가리아
- 마케도니아 / 1989 민주화 운동
- 알바니아

1975년 이후 공산 국가에 자본주의 나라들에 대한 정보가 많이 흘러들었어. 자본주의 나라 사람들이 풍요롭게 살고 있다는 사실이 알려지자, 노동자들이 잘사는 나라를 만들겠다던 공산당의 권위는 형편없이 떨어졌지. 1989년부터 1992년까지 동유럽 곳곳에서 대중들이 들고일어나면서 공산당 정권은 차례차례 무너졌어.

1989년 헝가리를 시작으로 개혁과 민주화의 물결이 동유럽 전체를 휩쓸기 시작했어. 사람들은 곳곳에서 레닌과 스탈린의 동상을 끌어내리고 자유를 달라고 외쳤어. 동유럽의 대부분 나라에서 공산당 독재가 없어지고, 새로운 정부를 세우기 위한 자유 선거가 실시되었어. 대부분 공산당이 아닌 정당이 새롭게 정권을 잡았으며, 이들은 한결같이 자본주의 시장 경제를 들여오겠다고 약속했어.

가장 먼저 루마니아에서 혁명이 일어났단다. 1989년 12월 루마니아의 독재자 니콜라이 차우셰스쿠가 민중 혁명으로 처형되어 세계가 놀랐어. 1990년 1월 폴란드 공산당은 스스로 해산하고 민주화 요구를 받아들였어. 1990년 10월 체코슬로바키아 공산당도 해산하고, 같은 해 12월 민주화 운동을 이끌었던 바츨라프 하벨이 대통령으로 뽑혔단다.

이렇게 거셌던 공산권의 민주화 바람도 중국의 만리장성은 넘지 못했어. 1989년 6월 중국 베이징의 톈안먼 광장에서 100만 명의 대학생과 시민들이 민주화를 요구하며 시위를 벌였어. 그러나 공산당은 군대를 동원해 시위대를 거세게 진압하였고, 수많은 사람들이 아까운 목숨을 잃었단다.

개혁은 내 인생의 모든 것

여러분이 나를 믿고 소련의 대통령으로 뽑아 준 데 대해 깊이 감사드립니다. 나는 나라가 어려울 때 대통령을 맡았다는 것을 잘 알고 있습니다. 내가 대통령이 된 것은 조국의 장래를 믿고 있기 때문이며, 페레스트로이카(개혁)가 내 인생의 모든 것을 의미하기 때문입니다. 페레스트로이카 정책은 소련과 같은 나라에 새로운 변화를 가져오는, 즉 권위주의적이고 관료주의적인 체제로부터 인간적이고 민주적인 사회로 평화롭게 바꿀 수 있는 유일한 길이라고 생각합니다. 페레스트로이카의 주요한 업적은 민주화와 글라스노스트(개방)이고, 이것은 우리 앞에 놓인 개혁의 길에 중요한 의미를 갖습니다.

1990년 4월 소련의 고르바초프가 대통령 자리에 오르며 한 연설의 일부이다. 고르바초프는 공산주의의 문제점을 비판하며 공산당 1당 독재를 누그러뜨리고 시장 경제를 들여오려고 했다. 그러나 고르바초프의 개혁 노력은 내부의 반대로 제대로 이루어지지 못했고, 결국 소련과 동유럽의 공산당 정부가 차례로 무너지는 결과로 이어졌다. 사진은 고르바초프가 미국을 방문해 기자들의 질문에 답을 하고 있는 장면이다.

베를린 장벽이 무너진 뒤 함께 기뻐하는 베를린 사람들.

19 80년대 중반 무렵부터 동유럽을 시작으로 공산주의가 무너지고 소련까지 해체되고 말았어. 이제 자본주의의 물결이 전 세계를 뒤덮었어. 소련이 사라지자 미국은 세계에서 단 하나뿐인 초강대국이 되었어. 미국은 막강한 힘을 휘두르며 새로운 세계 질서를 만들어 나가려고 했어. 그러면서 세계화와 신자유주의 물결이 세계를 뒤덮었지.

냉전 해체와 신자유주의 물결

냉전 체제가 허물어지다

"공산당 독재를 타도하라!"

"언론의 자유를 보장하라!"

"자유로운 여행을 보장하라!"

1989년 9월, 동독에서 민주주의와 자유를 요구하는 사람들의 함성이 힘차게 울려 퍼졌어. 한 달이 넘도록 공산당 독재와 경제 불황에 항의하는 시위가 계속되었어. 그러나 동독 정부는 시위를 힘으로 억누르려고 할 뿐 시위대의 요구에는 귀를 막고 있었지.

그러나 시위대의 운동이 점점 거세지자 동독 정부는 베를린 장벽을 넘는 사람들을 더는 막지 못하고 장벽의 문을 활짝 열었어. 하지만 사람들은 문이 열린 데 만족하지 않았어. 1989년 11월 9일 동독 시민들은 저마다 망치를 들고 나와 베를린 장벽을 허물기 시작했어. 무너진 것은 베를린 장벽뿐이 아니었어. 40여 년 동안 동독을 다스려 온 공산당 정부 역시 와르르 무너졌어.

이때 소련의 고르바초프 공산당 서기장은 군대를 동원하여 시위를 억누르는 대신 독일의 통일을 인정했단다. 이렇게 해서 1945년 이후 둘로 갈라져 있던 독일은 하나

1989년 11월 동독과 서독의 자유 왕래를 가로막던 베를린 장벽이 무너진 것을 기념하는 엽서이다. 냉전의 상징이었던 베를린 장벽이 무너지고 이듬해 독일은 통일을 이루었다.

가 되었지. 독일의 통일은 냉전 체제가 허물어지는 신호탄이 되었단다.

독일의 통일 이후 소련은 더 놀라운 변화를 향해 줄달음질하고 있었어. 1991년 8월 소련 군부는 고르바초프의 개혁 정책에 반대하여 군대를 동원해 쿠데타를 일으켰어. 그러자 모스크바 시민이 힘을 모아 쿠데타를 막아 냈지.

이때 앞장서서 시민들을 이끈 보리스 옐친 대통령은 공산당 활동을 금지하고 소련의 해체를 추진했단다. 그 결과 소련은 러시아와 여러 개의 나라로 나뉘었어. 1917년 볼셰비키 혁명 이후 74년 만에 소련이 무너진 거야.

그 뒤 러시아와 동유럽 나라들에서 여러 정당이 생기고 의회 제도가 실시되고 자유 민주주의와 시장 경제가 들어왔단다. 이와 함께 20세기 동안 전 세계에 큰 영향을 끼친 공산주의 이념도 역사의 무대에서 갑자기 퇴장당했어.

이렇게 소련과 동유럽의 공산주의 체제는 자본주의 체제와 아무런 군사적 갈등도 빚지 않고 스스로 무너졌어. 이처럼 소련과 공산주의 진영이 무너지자 자본주의와 공산주의 진영이 대립하던 냉전 체제도 함께 무너졌지.

소련과 동유럽 나라들의 공산주의 체제는 왜 허물어졌을까? 그건 공산당이 국민들에게 한 약속을 제대로 지키지 않았기 때문이야. 공산당은 모든 사람이 필요한 만큼 일하고 누구나 평등하게 잘사는 나라를 약속했어. 하지만 그 약속은 수십 년 동안 지켜지지 않았어.

공산당은 1당 독재 체제를 고집하며 개인의 자유와 자유로운 정치 활동을 억눌렀어. 또 비효율적인 경제 정책을 펴서 국민들을 고되게 했을 뿐 아니라 생활을 더 어렵게 만들었어. 일부 부패한 공산당 간부와 관료들은 온갖 특권을 누리며 살았지.

그런데도 공산당은 문제와 잘못을 숨기기만 할 뿐 문제를 고칠 능력과 노력을 보이지 않았어. 만약 공산당의 잘못을 자유롭게 비판할 수 있는 제도가 갖춰져 있었다면, 시민들에게 문제를 바로잡을 기회가 제대로 주어졌다면 역사는 달라졌을지도 몰라. 공산주의 체제의 몰락은 약속을 제대로 지키지 못하는 정치 세력은 결국 사람들에게 버림받는다는 사실을 새삼 깨우쳐 준단다.

탈냉전 시대의 새로운 움직임

소련과 동유럽 공산주의 정부가 차례로 무너지자, 사람들은 자본주의 체제가 공산주의 체제를 이겼다고 생각했어. 또 시장 경제와 자유 민주주의 체제가 더 낫다고 보는 사람이 많아졌어. 무엇보다 소련과 함께 세계 질서를 이끌었던 미국이 유일한 초강대국으로 세계 질서를 오래도록 쥐락펴락할 거라고 예측했단다.

실제로 1991년 미국은 걸프전을 일으켜 미국이 세계 초강대국임을 전 세계에 보여 주었어. 1991년

걸프전
1991년 이라크가 쿠웨이트를 침공하면서 시작된 전쟁이다. 미국을 중심으로 한 세계 여러 나라는 이라크가 쿠웨이트에서 물러나지 않을 경우 무력을 사용하겠다고 뜻을 모았다. 결국 이라크는 다국적군의 공격을 받은 뒤 항복했고, 전쟁은 45일 만에 끝났다.

이라크가 쿠웨이트를 침공하자 미국은 여러 나라와 군대를 만들어 한 달여 만에 이라크를 상대로 승리를 거두었지.

그러나 미국의 초강대국 지위는 나랏빚과 계속되는 경제 위기 등으로 흔들린단다. 또 중국과 유럽 연합 등이 빠르게 성장하여 미국의 초강대국 자리를 크게 위협했어.

특히 중국은 2000년대 초에 영국과 독일을 제치고 미국과 일본 다음으로 세계 3위의 경제 대국으로 올라섰어. 중국이 일본은 물론 미국까지 제치고 세계 최대의 경제 대국이 되는 것은 시간문제라고 여기는 사람들도 많아졌지.

물론 중국 앞에는 민주주의를 확대하고 부패를 없애야 하는 등의 큰 과제들이 있어. 점점 심해지는 빈부 격차를 줄이고, 8억 명에 이르는 농민들의 생활을 끌어올리는 일도 중요하지. 무료 주택과 무료 진료가 사라지고, 경쟁과 돈벌이가 최고의 미덕으로 떠오른 것도 사회문제의 씨앗이 될 수 있어. 수십 년에 걸쳐 마구잡이 개발을

고층 빌딩으로 가득한 2000년대 중국의 상하이이다. 상하이는 중국에서 가장 빠르게 경제가 발전하며 번영을 누리는 도시로 손꼽힌다.

하다 보니 환경이 나빠지는 것도 큰 문제야.

또 경제가 성장할수록 중국 내 민족주의가 강화되고 있단다. 안으로는 티베트 같은 소수 민족의 독립 움직임을 억누르고, 밖으로는 한국 등 이웃 나라의 역사까지 자기 나라의 역사로 포함시키는 동북공정을 추진해 갈등을 빚고 있어.

이런 문제들이 있지만 "19세기는 영국, 20세기는 미국, 21세기는 중국의 시대"라는 말을 이제는 누구나 아주 당연하게 받아들일 정도로 중국은 무서운 속도로 초강대국으로 떠오르고 있어.

한편 미국이 초강대국으로 세계 질서를 주무르고 세계화가 널리 이루어짐에 따라 나라 간, 기업 간 경쟁은 더욱 치열해졌어. 그러자 유럽 여러 나라들도 자기네 이익을 지키기 위해 하나로 뭉쳤어. 앞서 유럽은 평화와 경제 번영을 위해 유럽 공동체를 만든 적이 있어. 그런데 세계화의 물결이 전 지구를 휩쓸자 유럽 공동체를 유럽 연합(EU)으로 발전시켰어.

1992년 유럽 연합의 경제 통합이 아주 빠르게 이루어졌어. 유럽 연합에 속한 나라들은 2002년부터는 유로라는 화폐를 공통으로 사용함으로써 더 똘똘 뭉쳐 가고 있어. 유럽 연합이 발전한 데에는 외부의 공격에 대비하려면 유럽 나라들끼리 서로 도와야 한다는 프랑스와 독일의 외교 정책이 큰 영향을 미쳤어. 또 미국과 동아시아에 맞서는 거대한 경제적 힘을 모으기 위해서였지.

독일 프랑크푸르트에 있는 유럽 연합 중앙 은행 건물과 그 앞에 세워진 유로 상징 조각이다. 유럽 연합에 참가한 나라들은 경제 통합을 위해 유로를 공통 화폐로 정했다.

세계화와 신자유주의 물결이 거세지다

1997년 12월 한국 정부는 국제 통화 기금(IMF)에 다급하게 자금을 지원해 달라고 요청했어. 한국 정부가 지닌 외국 돈의 잔고가 아주 빠르게 줄어들면서, 한국 화폐의 가치가 급격히 떨어지고 수많은 기업이 무너지는 등 커다란 경제 위기가 일어났기 때문이야.

한국 정부는 국제 통화 기금의 지원을 받는 대신 해외 자본이 국내에 들어오는 것을 받아들이고 주식 시장을 더 열기로 했어. 그리고 부실한 한국 재벌 기업을 합치거나 없애겠다는 약속을 하고, 노동자를 해고할 수 있는 법률도 만들었어. 그 뒤 한국은 외환 위기를 이겨 내면서 외국에 진 빚을 갚았지만, 한국 경제는 더욱 세계 경제에 통합되었단다. 이제 세계 각국의 대기업들이 한국에서 활동하고, 한국의 대기업들도 활발하게 세계 각지로 진출해서 투자를 하고 공장을 세워 돈을 벌어들이고 있지.

국경을 뛰어넘어 세계 곳곳에서 돈을 벌어들이는 다국적 기업들이 많아지면서, 세계 경제는 매우 빠르게 통합되고 있단다. GM, GE, 쉘, 토요타, 네슬레 등 거대한 다국적 기업이 한 해에 버는 돈이 한 나라의 국내 총생산보다 훨씬 많기도 해. 그만큼 다국적 기업들은 대다수 국가보다 훨씬 강력한 경제적 힘을 지니고 있어.

다국적 기업은 세계 곳곳에 자회사를 차려 세계 경제를 주무르고 있어. 2009년 유엔 무역개발회의가 펴낸 「세계 투자 보고서」에 따르면, 다국적 기업의 수는 8만 2천여 개이며, 자회사까지 포함하면 81만 개란다. 현재 전 세계 상품 수출의 약 3분의 1을 다국적 기업이 차지하고 있어.

한국의 대기업인 삼성과 현대 등이 미국과 중국 등지에 공장을 세운다는 뉴스를 종종 들을 수 있지? 그런데 과연 한국 기업이 해외에 공장을 지으면 한국에 좋은 것일까? 기업들이 해외에 공장을 짓는 큰 이유 중 하나는 인건비 때문이야. 싼 인건비를

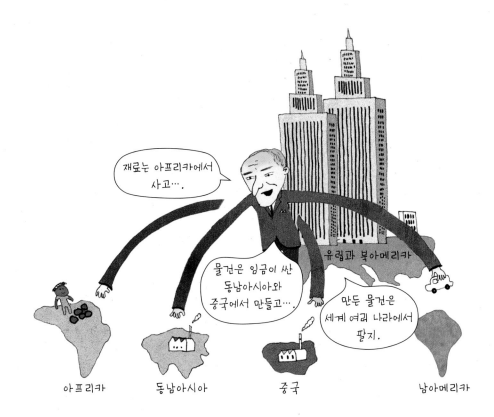

미국과 유럽의 다국적 기업들은 세계 곳곳에 공장을 두고 값싼 제품을 생산해. 하나의 지구촌 세계를 무대로 경제 활동을 펼치고 있다.

찾아 공장을 옮겨 지으면 한국의 노동자들은 일자리를 잃을 수 있겠지. 기업은 국가의 이익을 대변하기보다 이윤을 찾아 세계를 옮겨 다니기 때문에 이런 경우가 많아.

예를 들어 미국의 GM 자동차 회사는 미국 노동자의 임금이 오르면 반발을 무릅쓰고라도 미국 공장 문을 닫아. 그리고는 멕시코나 말레이시아로 옮겨 가지. 또 유럽에 물건을 팔기 위해서 경쟁사와 주저 없이 손을 잡기도 해. 기업은 전 세계를 생산 기지로 만들고 모든 사람들을 고객으로 만들고 있어. 다국적 기업에게는 세계가 기업 활동의 무대란다.

다국적 기업의 활동이 늘어나면서 세계에 미치는 영향력도 커지고 있어. 한때 다국적 기업을 비판하는 목소리가 있었지만, 이제는 너도나도 다국적 기업을 자기 나라에 데려오려고 애쓴단다. 공산주의 국가인 중국에도 다국적 기업이 물밀듯이 들어가고 있어. 많은 나라들이 기업의 투자를 끌어들이려고 세금을 크게 깎아 주고, 부동산을 싼값에 넘기는 등 많은 특혜를 줘. 심지어 노동자들이 권리를 지키기 위해 노동조합을 만들어 활동하는 것을 막기도 하지. 바야흐로 세계 기업의 시대가 열린 거야.

금융 시장도 전 세계적 차원에서 하나로 연결되었단다. 그러나 국가의 규제는 아주 약해. 국제 통화 기금과 세계은행 등 주요한 국제 경제 기구는 국가에서 관리하는 기업을 일반 기업에 팔도록 하고, 자본이 아무 방해를 받지 않고 자유롭게 이동할 수 있도록 하고, 나라들 사이의 자유로운 무역을 가로막는 걸림돌을 없애야 한다고 주장해. 한마디로 국가의 아무런 규제 없이 자본가의 의지대로 마음껏 돈을 불릴 수 있어야 한다는 거야.

국제 통화 기금과 별도로 상업 은행들은 1980년대 이후 개발 도상국들의 금융 위기를 관리하는 데 중요한 역할을 했단다. 골드만 삭스 같은 선진국의 투자 은행은 전 세계 금융 시장에서 자유롭게 주식 투자를 하고, 기업을 사들이고 합치는 일을 이끌고 있어. 하지만 적절한 규제 장치 없이 금융 시장이 풀렸기 때문에 투자된 돈이 갑자기 빠져나가거나 해서 세계 경제 전체가 동시에 불안정에 빠질 위험이 커졌단다.

1998년 동아시아에 외환 위기가 왔고, 러시아는 국가 부도 사태를 맞이했어. 또 2008년 미국에서 금융 위기가 시작되었지. 이처럼 자유 시장은 통제를 받지 않으면 큰 위험을 만들 수 있단다. 경제적 혼란을 일으키고 불평등을 심화시켜 결국 민주주의를 위협하지. 2009년 이후 경제 위기가 전 세계에 퍼지면서 자유 시장 자본주의 체제를 걱정하고 못미더워하는 목소리가 높아지고 있어.

이와 같이 세계화는 두 가지 얼굴을 동시에 지니고 있어. 세계화는 경제 성장과 자유로운 정보 교환의 새로운 기회를 주었어. 그러나 한편으로는 세계 금융 위기, 국제 테러리즘, 국제 범죄, 환경 파괴와 같은 과거에 경험하지 못했던 커다란 위험을 만들기도 한단다.

저는 여러분이 죽이려는 바로 그 아이

이걸 아세요? 이라크에 살고 있는 2,400만 명 중에서 절반 이상이 채 열다섯 살도 안 된 아이들이라는 걸 말이에요. (…) 저를 한번 찬찬히 보세요. 여러분이 이라크 폭격을 생각할 때, 머릿속에 바로 제 모습이 떠올라야 합니다. 저는 여러분이 죽이려는 바로 그 아이입니다. (…) 1991년 2월 16일, 바그다드의 공습 대피소에 숨어 있던 300명의 아이들은 여러분이 떨어뜨린 스마트 폭탄으로 그 자리에서 죽었습니다. 저도 그렇게 죽었다면 그건 운이 좋은 편일 겁니다. 그 폭발로 엄청난 불길이 일어났고 벽에 몰려 있던 아이들과 어머니들은 모두 타 버렸습니다. (…) 이건 액션 영화도, 공상 영화도, 비디오 게임도 아닙니다. 바로 이라크 아이들의 현실입니다. (…) 여러분, 지금 그게 저라고 생각해 보세요. 그게 우리가 될 수도 있습니다. 지금 뭔가 끔찍한 일이 벌어지는 걸 알면서도 그냥 손을 놓은 채 기다리고 있는 이라크의 모든 아이들이 우리라고 말이에요.

2002년 미국에서 열린 평화 행진에 참가한 샬럿 앨더브런이라는 열세 살 소녀가 쓴 전쟁 반대 호소문의 일부이다. 앨더브런은 이 호소문에서 1991년 걸프전으로 큰 고통을 받은 이라크 아이들의 이야기를 통해 전쟁의 고통이 우리 모두에게 일어날 수 있는 일이라며, 전쟁을 멈추어야 한다고 주장했다. 사진은 걸프전 때 파괴된 이라크 마을의 건물이다.

런던에서 월 가 점령 운동 지지 시위를 벌이는 영국 시위대.

지금 세계는 조그만 마을처럼 작아지고 있어. 정보 기술이 혁명적으로 발전하고 시장이 매우 빠르게 커지면서 인간의 활동은 세계적 차원에서 이루어지고 있단다. 그런 만큼 이제 우리는 세계 여러 곳에서 일어나는 문제들에 대해 더 많은 관심을 가져야 해.

21세기 지구촌은 어디로?

디지털 혁명이 또 다른 격차를 가져오다

오늘날 우리는 일찍이 경험하지 못했던 높은 수준의 문명을 누리며 살고 있어. 집 안에 앉아서도 나라 밖에서 무슨 일이 일어나고 있는지 금방 알 수 있고, 지구 반대편 사람과 얼굴을 마주보며 대화할 수 있고, 세계 어느 곳의 물건이든 살 수 있어.

이런 일이 하루 이틀 만에 이루어진 것은 아냐. 인류는 일찍부터 다른 지역과 문물을 주고받으며 다양하고 풍요로운 문명을 발전시켜 왔어. 시간이 흐르면서 세계화는 범위가 넓어지고, 규모가 커지고, 속도가 빨라졌지. 그런데 오늘날의 세계화는 이전과 엄청나게 달라. 세계의 모든 지역이 동시에 하나로 이어졌고, 삶과 관련된 거의 모든 것이 세계화되었어.

그럼 왜 오늘날 세계화가 이렇게 엄청난 규모와 범위와 속도로 펼쳐졌을까? 하나는 공산주의가 무너지고 자본주의 시장 경제로 세계가 통일되었기 때문이야. 이로 말미암아 더욱 넓어진 세계 시장이 등장했어. 또 하나는 과학 기술, 특히 정보 통신 기술이 눈부시게 발달했기 때문이야. 더욱 넓어진 세계 시장을 배경으로, 국경을 손쉽고 빠르게 넘나드는 수단인 컴퓨터와 인터넷이 등장했지.

물론 컴퓨터가 많은 사람들에게 보급되기까지는 시간이 걸렸어. 1940년대 처음 등

연설하는 빌 게이츠이다. 게이츠는 마이크로소프트 회사를 세워 세계 컴퓨터 시장을 쥐락펴락했다.

장한 컴퓨터는 크기가 커다란 방만 해서 개인이 가질 수 없었어. 하지만 그 뒤 컴퓨터 만드는 기술이 거듭 발전해, 1970년대에는 가정용 컴퓨터가 등장했어. 그러면서 컴퓨터를 이용하는 사람이 폭발적으로 늘었어.

1990년대부터 컴퓨터를 서로 연결하는 인터넷이 널리 사용되면서, 사람들의 생활을 근본적으로 바꾸고 있단다. 최초의 인터넷은 1969년 미국 국방성이 만든 것으로, 소련의 핵 공격을 받아도 계속 작동할 수 있는 컴퓨터 통신망을 만들기 위한 것이었지.

인터넷은 처음에는 주로 미국 국방부와 여러 대학교 사이에서 필요한 자료를 주고받는 데 사용되었지. 그러다가 1986년 미국 국립 과학 재단이 새로운 통신망을 설치하면서 교육 기관, 정부 기관, 기업에서도 통신망을 이용하여 일을 하기 시작했단다. 그리고 1990년대부터 인터넷은 전 세계를 연결하는 통신망으로 빠르게 발전했어. 그러면서 나타난 것이 바로 월드 와이드 웹(World Wide Web)이야.

인터넷 공간은 현실 공간과는 다른 가상 공간이야. 인터넷이라는 공간에서 새로운 의사소통이 이루어짐에 따라 직장 생활과 일상 생활도 바뀌고 있단다. 이메일을 주고받으며 업무를 처리하고, 멀리 떨어져 있는 사람과 화상 회의를 하고, 대학과 연구소에서도 인터넷으로 정보를 나누며 연구를 하지.

우리는 인터넷에서 영화 정보, 물가, 일기 예보, 뉴스 등 생활 정보를 주고받을 수 있어. 회사에 출근하지 않고도 가정에서 컴퓨터로 업무를 처리하는 재택 근무가 생겨났어. 학교에 가지 않고 온라인에서 공부하는 사이버 대학도 있지. 또 멀티미디어 광고 책자를 이용한 홈쇼핑, 은행 업무를 처리하는 홈뱅킹 등 가정 자동화가 이루어지고 있어.

그러나 한편으로는 정보 기술을 다루는 능력의 차이가 심해지고 있단다. 지식과 정보에 접근하기 쉽다고 해서 누구나 똑같은 질의 정보를 얻을 수 있는 것은 아니야. 정보 사회에서도 생활 수준과 교육 수준에 따라 지식을 이용하는 수준이 달라서 사회 경제적 불평등이 계속 만들어지고 있어.

미국에서 정보 통신 혁명이 계속 일어나고 컴퓨터 사용 인구가 늘고 있지만, 백인과 소수 인종 사이에는 불평등이 더욱 커져 가. 미국에서 정보 통신 산업이 급성장해 1996년 이후 경제가 호황을 맞았는데도, 그 결실을 소수 인종과 저소득 계층은 함께 누리지 못하고 있는 거야.

인터넷은 세계를 하나로 연결하였다. 세계 곳곳에서 많은 사람이 인터넷으로 새로운 정보를 얻고, 상품을 사들이고, 소식을 주고받는다.

문명 충돌인가, 문명 공존인가?

"쾅! 콰쾅!"

2001년 9월 11일, 뉴욕에 있는 110층짜리 세계 무역 센터 쌍둥이 빌딩을 두 대의 여객기가 차례로 들이받았어. 눈 깜짝할 사이에 건물들이 무너지고 수천 명이 목숨을 잃었어.

텔레비전으로 이 장면을 지켜보던 전 세계 사람들은 엄청난 충격에 빠졌어. 도대체 누가 왜 이런 끔찍한 일을 저질렀을까? 미국 정부는 사우디아라비아 출신의 우사마 빈 라딘과 그가 이끄는 '알카에다'라는 조직이 주범이라고 발표했어. 빈 라딘도 알카에다 짓이라고 인정했어. 알카에다는 이슬람교만이 유일한 진리라고 주장하는 이슬람 근본주의를 믿는 테러리즘 조직이야.

세계의 많은 사람들이 무슬림, 특히 이슬람 근본주의자들에 치를 떨었어. 하지만 무슬림들이 모두 이슬람 근본주의자가 아니듯이, 이슬람 근본주의자들이 모두 테러를 지지하는 것도 아니야. 이슬람 근본주의를 따르는 사람들 가운데 소수의 과격한 세력이 테러를 지지하지.

그럼 알카에다는 어떤 목적으로 이런 끔찍한 테러를 저질렀을까? 걸프전 기억나지? 미국이 이라크를 공격한 전쟁 말이야. 빈 라딘은 미국이 이슬람 세계를 너무 괴롭히고 무시한다고 생각하고, 본때를 보여 주어야겠다고 마음먹었어. 빈 라딘은 그 후 알카에다를 만들어 미국인들을 공격하기 시작했어. 9·11 테러는 그중에서도 가장 끔찍한 테러였지.

9·11 테러 이후 미국 정부는 세계를 문명 세력과 테러 세력으로 나누고 '테러리즘에 대한 전쟁'을 선포했어. 미국과 영국은 2003년 이라크가 대량 살상 무기를 만든다는 이유로 이라크를 공격했고, 전쟁에서 승리했어. 이 전쟁을 이라크 전쟁이라고 해.

2001년 9 · 11 테러와 그 이후의 갈등을 서양 문명과 이슬람 문명의 충돌로 보는 주장이 있어. 서구 사회의 주도권이 외부 문명의 도전을 받고 있고, 어쩔 수 없이 서구 문명과 다른 문명이 충돌할 수밖에 없다는 것인데, 이 주장이 인기를 얻었어.

그러나 이라크 전쟁을 '문명의 충돌'로 보는 것은 정확한 시각이 아니야. 영국과 미국이 서방이나 크리스트교 문명을 대표하는 것도 아니며, 이라크가 이슬람 문명권을 지도하는 것도 아니기 때문이야. 이라크 전쟁에서 프랑스와 독일은 크리스트교 나라이면서도 미국이 앞장선 공격에 참여하지 않았지. 이집트와 수단은 이슬람 문명권에 있으면서도 이라크를 지지하지 않았어.

2001년 9월 11일 뉴욕 쌍둥이 빌딩이 알카에다의 공격을 받아 불타는 모습이다. 알카에다는 미국 정부가 이슬람 세계를 너무 괴롭힌다고 주장하며 테러를 일으켰다.

오히려 세계 여러 나라는 문명권의 경계를 뛰어넘어 자기 나라의 이익에 따라 군사와 외교 관계를 다양하게 맺고 있단다. 예를 들어 중앙아시아 국가들은 이슬람교를 믿지만, 러시아의 지배에서 벗어나 크리스트교 나라인 미국의 영향력 아래로 들어가려고 하지. 결국 문명권의 충돌이 국제 정치를 움직이는 가장 중요한 요소는 아니라는 거야. 앞으로도 다른 문명권에 있는 나라들과 대화하고 공존하는 일은 인류에게 중요한 과제로 남을 거야.

1퍼센트에 맞서 99퍼센트가 손을 잡다

2011년 9월 미국 뉴욕 월 가에서 시위가 벌어졌어. 월 가는 뉴욕의 경제 중심지이자, 세계적인 금융 회사가 몰려 있는 자본주의의 심장부야. 캐나다의 한 온라인 잡지에서 시작한 '월 가를 점령하라'라는 항의 운동은 페이스북, 트위터 등 소셜 네트워킹 서비스(Social Networking Service)를 이용한 시위로 번졌어.

처음에 시위대는 월 가와 가까운 한 공원에서 대중 토론을 열고 월 가와 금융 자본의 탐욕을 비난했어. 2008년 금융 위기를 불러일으켰던 금융 회사의 최고 경영자들이 퇴직금으로 엄청난 돈을 챙겨 가자, 시민들이 분노하여 스스로 모인 거란다.

시위대는 "미국 최고 부자 1퍼센트에 저항하는 99퍼센트 미국인의 입장을 대변한다."라는 구호를 외쳤어. 미국에서 시작한 '월 가를 점령하라' 시위는 점차 세계로 퍼져 나갔어. 1,500개 도시에서 '분노의 행진'이 벌어지고, 전 세계 80개 나라에서 거대한 사회 운동으로 폭발했어.

최근 세계화 과정에서 가장 두드러진 일이 시민 사회 조직의 발전이야. 시민 사회 조직은 정부에 속하지 않으면서 영리를 좇지 않는 조직을 가리키는데, 비정부 조직

2011년 미국 시민들은 미국 경제의 상징인 뉴욕 월 가에 모여 증권 회사와 일부 부유층의 부도덕함을 비판하는 시위를 벌였다.

(NGO)이라고도 불러. 옥스팜, 그린피스, 국제 앰네스티, 국경 없는 의사회와 같은 단체들이 대표적인 시민 사회 조직이지. 1970년대부터 시민 사회 조직이 늘어나기 시작해서 1990년 이후 아주 많아졌단다.

시민 사회 조직은 시민들이 자발적으로 모여 이루어지며, 자신들이 추구하는 목표를 실현할 정책을 내보이고 정부가 정책을 결정하는 과정에 영향력을 미친단다. 시민 사회 조직은 목표를 위해 장기적으로 활동하기도 하고, 하나의 문제만 제기하고 일시적으로 모였다 활동하고 흩어지는 경우도 있어. 특정한 목표를 이루려고 정부와 협력을 하는 경우도 있고, 정부와 거리를 두기도 한단다.

국제 시민 사회 조직은 국경을 뛰어넘어 환경, 인권, 빈곤 퇴치 등 다양한 분야에서 활동하고 있어. 또 글로벌 네트워크를 발전시키면서 세계 시민 사회를 만들고 있어.

국제 시민 사회 조직들은 국제 사회의 정책 결정에 영향력을 발휘하기도 해. 세계의 초강대국과 거대한 다국적 기업을 향해 국제법을 따르라고 공개적 압력을 넣기도 하지. 또 2011년 이집트, 튀니지 등 아랍 국가들에서 민주화 운동이 일어났을 때는 전 세계의 시민들이 인터넷을 통해 뜨거운 지지를 보내기도 했어.

국제 시민 사회가 매우 빠르게 발전하고 있지만, 아직 전 세계를 민주적으로 개혁할 만큼 충분한 수

2005년 4월 선진국 정상 회담이 열린 미국 워싱턴 시 세계은행 건물 앞에서 시민 운동 회원이 세계화 반대 시위를 벌이고 있다.

준에 이른 것은 아니야. 다국적 기업이 빠르게 세계화한 데에 비하면 시민 사회 조직은 충분하게 발전하지 못했어.

그린피스, 국제 앰네스티 등 일부 국제 시민 사회 조직이 수많은 회원을 가지고 있지만, 전체 인구에 비하면 아직 소수만이 참여하고 있단다. 또 시민 사회 조직에 참여하는 사람의 대부분은 미국, 유럽 등 부유한 국가에서 나고 자란 교육받은 백인 중산층이야. 아시아, 아프리카 등 개발 도상국의 가난한 사람들이 참여해 활동하는 경우는 아주 드물지.

그러다 보니 국제 시민 사회 조직의 운영이 백인 중산층의 입장을 중심으로 일방적으로 이뤄지는 경우가 많단다. 국제 시민 사회 조직이 더 발전하려면 더 다양한 사람이 많이 참여해 조직의 민주주의를 강화할 필요가 있어.

21세기의 미래는 우리 손에

오늘날 세계의 민주주의는 아직 충분하게 발전하지 못했어. 현재 전 세계를 대표하는 세계 정부와 세계 의회는 없어. 유엔, 국제 경제 기구, 국제 사법 재판소 등 국제 기구들이 있지만, 이들 기구가 할 수 있는 일에는 한계가 있어.

다국적 기업과 금융 자본을 규제하는 장치도 아주 허술하단다. 그리고 국제 사회에 큰 영향을 끼치는 중요한 정책 대부분을 소수의 엘리트가 결정하고 있어. 결국 국제 기구, 국민 국가, 다국적 기업, 국제 비정부 조직 모두 몇몇 사람들 뜻에 따라 움직이고 있는 셈이지.

그런데 각 나라가 해 오던 정책 결정을 이제는 상당 부분 국제 기구가 맡게 되면서, 국제 기구를 민주적으로 개혁하는 것이 중요한 과제로 떠오르고 있어. 무엇보다도 유엔과 세계은행을 민주적으로 만드는 것이 국제 사회가 더욱 협력하기 위해서 해결해야 할 중요한 과제야.

또 몇몇 강대국이 자기들 뜻대로 주무르는 유엔 안전보장이사회를 민주적으로 바꾸고, 국제 통화 기금과 같은 국제 경제 기구에서 일방적으로 정책을 결정하기보다, 각 나라의 정부가 자신들에게 맞는 성장 모델을 선택할 수 있도록 다양한 의견을 주고받아야 한단다.

선진국은 아시아, 아프리카의 빈곤국들과 대화하기 위해 더 노력해야 하지. 빈곤, 발전, 환경, 마약, 범죄, 테러리즘 등 공통의 문제를 함께 해결하려면 훨씬 민주적인 방식을 발전시켜야 해.

세계화는 멈출 수 없는 역사적 변화야. 세계화는 결혼, 가족, 문화, 민족, 국가에 이르기까지 전통 제도를 근본적으로 뒤흔드는 큰 충격을 가져왔어. 세계화 과정은 단지 경제적인 변화뿐 아니라, 현대인의 생활 방식 전체를 바꾸는 것이야.

세계화를 둘러싸고 찬성하는 목소리와 반대하는 목소리가 엇갈리고 있어. 세계 각국 정부와 다국적 기업들은 세계화를 지지해. 하지만 다른 한편에서는 세계화에 반대하는 강력한 저항 운동도 이어지고 있지. 이처럼 세계화는 찬성하고 반대하는 두 입장이 계속 대립하면서도 함께 만들어 가는 복잡한 과정이라고 할 수 있어.

오늘날 국제 사회는 각국의 정부, 다국적 기업, 시민 사회 조직들이 참여하면서 훨씬 복잡하게 바뀌고 있어. 이제 국가가 모든 정책 결정과 집행 과정을 일방적으로 이끌 수 없어. 또 유엔과 세계은행 같은 국제 기구들이 정책을 결정할 때에 각국 정부의 대표를 비롯해 다국적 기업, 시민 사회 조직 등 다양한 조직들이 참여하고 있지.

그래서 세계화 시대에 맞는 세계 민주주의의 모델을 만드는 것은 매우 중요하단다. 그러려면 세계 차원에서 시민의 자유, 권리, 평등을 보장하고 환경을 보호하는 데 노력을 기울여야 하지. 미래의 세계 민주주의는 시민의 자유, 분권화, 참여 민주주의가 확대된 모습으로 발전해야 한단다.

나라의 주인은 99퍼센트인 우리

인류의 미래는 사람들의 협력에 달려 있습니다. 인류가 만든 사회 체제는 인간의 권리를 보호해야 합니다. 그러나 이제 그 체제는 타락하여 점차 자신과 이웃의 권리를 지켜야 하는 지경에 이르렀습니다. 민주적 정부의 권력은 국민들로부터 나옵니다. 그러나 다국적 기업들은 부를 긁어모으면서 국민과 세계의 동의를 구하려는 시도조차 하지 않습니다. 민주적 절차가 경제력을 가진 자들의 손에서 좌지우지된다면, 진정한 민주주의는 있을 수 없습니다. 지금 우리가 살고 있는 시대에 다국적 기업들은 국민보다 이익을, 정의보다 그들의 사리사욕을, 평등보다 억압을 우선으로 여깁니다. 우리는 우리의 권리에 따라 이런 현실을 알리려고 평화적으로 이 자리에
모였습니다.

2011년 가을 월 가 점령 운동 때 뉴욕 시민 총회에서 발표한 선언문의 일부이다. 뉴욕 맨해튼의 한 작은 공원에서 시작된 '월 가를 점령하라'(OWS · Occupy Wall Street) 운동은 수백 개의 미국 도시로 빠르게 퍼져 나갔다. 이 운동에 참가한 사람들은 "월 가는 우리 정부를 점령하고 있다. 월 가를 점령하러 가자!", "기업들은 민중이 아니다." 등의 구호를 외치며 은행과 금융 기관을 표적으로 삼았다. 경제력을 쥐고 있는 1퍼센트가 아닌, 99퍼센트의 국민이 나라의 주인은 바로 우리라고 외치며 행동에 나선 것이다. 사진은 월 가 점령 운동 당시 시위대 모습이다.

국제 시민 운동 기구

사회가 함께 해결해야 할 문제를 위해 시민들이 자발적으로 만든 시민 운동 조직들은
정부에 속하지 않으면서 영리를 추구하지도 않아. 20세기 후반에 이르러서
시민 사회의 영역도 하나로 이어졌어. 국경을 뛰어넘어 환경, 인권, 빈곤 퇴치 등
다양한 분야에서 활동하면서 세계를 더 낫게 만들려고 애쓰는
대표적인 단체들을 알아보자꾸나.

시민 사회 조직의 역할

국제 시민 사회 조직은 자신들의 목표를 이루기 위해 정책을 제시하고 세계 여러 나라 정부의 정책 결정 과정에 영향력을 행사하지. 세계 곳곳에 흩어져 있는 조직을 동원해 적극적인 행동을 펼치기도 하며, 한 가지 문제만 내걸고 일시적으로 모였다 활동한 뒤에 흩어지는 경우도 있어. 1970년대부터 시민 사회 조직이 늘기 시작해 1990년 이후 아주 많아졌단다. 국제적 시민 사회 조직은 1981년에는 1만 3천 개에서 2001년에는 4만 7천 개로 빠르게 늘어났어.

대표적인 국제 시민 운동 기구

오늘날 세계를 상대로 활동하는 대표적인 시민 사회 조직으로는 옥스팜, 그린피스, 국제 앰네스티, 국경 없는 의사회와 같은 단체들을 꼽을 수 있어. 이들은 대개 세계 여러 나라에 지부를 두고 시민들의 자발적인 참여로 활동을 이어 가고 있단다.

모든 사람의
인권 보장을
위해 애쓰는
**국제
앰네스티**

1961년 만든 국제 인권 단체로, 1948년에 채택된 유엔 「세계 인권 선언문」에 따라 인권 실태를 조사하고 이를 전 세계에 알리고 있어. 각 나라 정부 기관과 국제 기구를 대상으로 인권을 지키기 위한 활동을 하며 위급한 상황에 처한 사람들을 구하기 위한 캠페인을 펼치고 있어. 현재 전 세계 150여 개국에서 300만 명의 회원 및 지지자들과 함께하고 있단다. 1977년에 노벨 평화상, 1978년 유엔 인권상을 받았지.

지구의 환경과
세계 평화를
위해 일하는
그린피스

1971년에 만든 국제 환경 보호 단체로, 지구의 환경을 지키고 평화를 확대하려는 활동을 펼치고 있어. 처음에는 핵실험 반대 운동을 주로 펼쳤으나 현재는 기후 변화 방지, 유전자 조작 농산물 반대, 고래잡이 반대 등등 다양한 운동을 하고 있어. 40여 개 나라에서 280만 명 이상의 회원이 활동하고 있단다.

전 세계 빈곤
아동을 돕는
**세이브더
칠드런**

1919년 영국에서 처음 만들었어. 제1차 세계 대전 이후 굶주리는 어린이를 돕는 것을 시작으로 한국 전쟁 등 여러 전쟁이 낳은 고아를 돕는 활동을 했어. 그리고 보건 의료, 빈곤 아동 지원, 아동 보호, 교육 지원 등 다양한 사업을 펼치고 있어. 29개국에 지부를 둔 세계 최대 규모의 아동 구호 기구야.

빈곤 해결을 돕고
불공정 무역에
반대하는
옥스팜

1942년에 만든 단체로, 처음에는 굶주림을 해결하기 위해 식량을 보급하고 이와 관련한 조정안을 만드는 일을 했어. 그러다가 점차 목표를 빈곤과 굶주림을 근본적으로 해결하는 방법을 찾는 것으로 바꾸었어. 각국 정부나 국제 통화 기금, 세계 무역 기구 등 다국적 기구에 영향력을 미쳐 공정하게 무역할 수 있도록 지원하는 일도 해. 전 세계 80개국에서 2만 8천 명의 자원봉사자들이 활동하고 있어.

전쟁터의 날개
없는 천사들
**국경 없는
의사회**

1971년 나이지리아 내전 때 기아 문제를 해결하려고 프랑스 의사와 언론인이 힘을 합쳐 만들었어. 그 뒤 세계 여러 나라에서 분쟁·질병·영양실조·자연 재해·인재로 고통받는 사람들과, 의료 혜택을 받지 못하는 사람들을 대상으로 긴급 구호를 실시하고 있어. 전 세계 60여 개국에서 3만 명이 활동하고 있단다. 1999년 노벨평화상을 받았지.

평화와 인권을 위해 싸운 지도자들

동서 화해의 물꼬를 연 빌리 브란트 (1913. 12. 18 ~ 1992. 10. 8)

동독과 서독 사이의 평화 정책인 동방 정책을 펼친 독일 정치가이다. 1969년에서 1974년까지 연방 총리로 일하는 동안 유럽의 공산주의 나라들과 화해를 시도하는 동방 정책을 펼쳤다. 1971년에 노벨 평화상을 받았고, 폴란드의 수도 바르샤바에 있는 전쟁 희생자 비석 앞에 무릎을 꿇고 세계 대전 당시 독일이 저지른 침략과 박해에 대해 사죄했다.

인종 차별 정책에 맞선 넬슨 만델라 (1918. 7. 18 ~)

남아프리카 공화국에서 흑인 인권 운동을 펼쳤으며, 1994년 첫 흑인 대통령으로 뽑혔다. 변호사 생활을 하며 흑인을 차별하는 제도를 없애려고 아프리카 민족 회의(ANC)에 참여했다. 흑인 인권 운동을 펼치는 가운데 1962년부터 1990년까지 약 28년 동안 감옥에 갇혀 지냈다. 감옥에 있는 동안 세계 인권 운동의 상징이 되었다. 1990년 마침내 감옥에서 풀려나 이듬해 아프리카 민족 회의 의장으로 뽑힌 뒤 흑인 차별을 없애기 위해 애썼다. 1993년에는 드 클레르크와 공동으로 노벨 평화상을 받았다.

인권과 평화 운동에 애쓴 김대중 (1924. 1. 6 ~ 2009. 8. 18)

한국의 정치가로, 1960년 처음으로 국회 의원이 된 뒤, 박정희 독재 정권에 맞서 싸워 여러 차례 감옥 생활을 했다. 1979년 박정희가 죽은 뒤에도 반란을 일으키려 했다는 죄로 사형을 선고받고 감옥 생활을 했다. 1998년 2월 대한민국 제15대 대통령이 되었다. 2000년 6월에는 평양을 방문하여 6·15 남북 공동 선언을 이끌어 내 평화 통일의 기반을 다졌다. 같은 해 한국인 최초로 노벨 평화상을 받았다.

세계 평화를 위해 애쓴 올로프 팔메 (1927. 1. 30 ~ 1986. 2. 28)

스웨덴의 복지와 세계 평화를 위해 애쓴 정치가이다. 1952년 스웨덴 사회민주노동당에 들어가 1957년에 상원 의원으로 뽑혔다. 1969년부터 1986년 사이에 두 차례 총리를 지내면서 미국의 베트남 전쟁을 강도 높게 비판하여 두 나라가 갈등을 빚기도 했다. 핵 확산 방지 캠페인을 펼치고 아프리카와 팔레스타인에도 정치적·재정적 도움을 주어 제3세계의 평화 대변자로 불렸으나, 1986년 2월 28일 가족과 함께 극장에 가던 길에 총을 맞고 숨졌다.

쿠바 혁명 지도자 체 게바라 (1928. 6. 14 ~ 1967. 10. 9)

남아메리카의 독재 정부에 맞서 활약한 혁명가이다. 아르헨티나에서 태어났으며, 17세 때 자전거로 아르헨티나 중부 지방을 둘러보는 것을 시작으로 남아메리카 여러 곳을 여행하였다. 그러면서 지식과 견문을 넓혔으며, 서민들의 가난한 생활을 경험하였다. 그 뒤 혁명을 통해 남아메리카 사회를 바꾸려는 활동에 뛰어들었고, 쿠바 혁명의 지도자 피델 카스트로와 함께 쿠바의 독재자 바티스타를 몰아내는 데 성공하였다. 그리고 볼리비아의 반군 지도자로 활동하다가 정부군에게 붙잡혀, 1967년 볼리비아의 산악 지대에서 총에 맞아 숨졌다.

폴란드의 자유 노조 지도자 레흐 바웬사 (1943. 9. 29 ~)

폴란드에서 처음으로 자유 노조인 '연대(Solidarity)'를 만들어 정부의 탄압에 맞서 싸웠다. 1980년 조선소 파업을 앞장서서 이끌다 감옥 생활을 했다. 1983년에는 노동자의 권리와 이익을 위해 싸운 공로로 노벨 평화상을 받았다. 1989년 자유 노조 위원장이 되었으며, 1990년 실시한 자유 선거에서 대통령으로 뽑혔다.

역사 용어 풀 이

대륙 간 탄도탄(大陸間彈導彈 : 클 대, 뭍 륙, 사이 간, 총알 탄, 이끌 도, 총알 탄) 대륙을 넘나들 정도로 멀리까지 나아가는 핵폭발 장치가 달린 미사일. (195쪽)

복지 제도(福祉制度 : 복 복, 복 지, 자를 제, 법 도) 건강, 풍요로운 살림, 안락한 환경들이 어우러져 행복을 누릴 수 있게 돕는 제도. (204쪽)

생태주의 운동(生態主義運動 : 날 생, 모양 태, 주장할 주, 뜻 의, 움직일 운, 움직일 동) 사람과 동식물의 살아가는 모양이나 상태를 그대로 지켜야 한다는 생각과 행동의 원칙. (210쪽)

반체제 운동(反體制運動 : 반대할 반, 몸 체, 정할 제, 움직일 운, 움직일 동) 기존의 사회·정치 체제를 부정하고 변혁을 꾀하는 일. 또는 그러한 입장. (221쪽)

개발 도상국(開發途上國 : 열 개, 필 발, 길 도, 위 상, 나라 국) 경제 발전이 진행 중인 나라. (232쪽)

세계화(世界化 : 세상 세, 경계 계, 될 화) 기업이나 금융 등이 국경을 넘어 세계적인 규모로 동시에 진행되는 현상. (232쪽)

가상 공간(假想空間 : 거짓 가, 생각할 상, 빌 공, 사이 간) 실제로 존재하는 공간이 아니라 네트워크로 연결되어 통신망에 존재하는 공간. (236쪽)

문명권(文明圈 : 글월 문, 밝을 명, 구역 권) 비슷한 종교, 언어, 역사, 문화 등을 가지고 있는 지역의 범위. (239쪽)

시민 사회 조직(市民社會組織 : 저자 시, 백성 민, 단체 사, 모일 회, 꿰맬 조, 짤 직) 공통의 목적을 이루려고 사회의 구성원이 일정한 질서 아래 모여 서로 돕는 관계를 이루는 것. (240쪽)

분권화(分權化 : 나눌 분, 권력 권, 될 화) 나라를 다스릴 권리나 권력 따위가 나뉜 상태. (244쪽)

연표

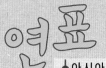

● 아시아 ● 유럽 ● 아프리카·아메리카 ● 세계

1764년
하그리브스가 제니 방적기를 발명하다.

1769년
제임스 와트가 증기 기관을 개량하다.

1775~1783년
미국 독립 전쟁이 벌어지다.

1781년
청의 건륭제가 『사고전서』를 완성하다.

1789년
프랑스 혁명이 일어나다.

1800년

1807년
미국의 풀턴이 증기선을 발명하다.

1804년
나폴레옹이 프랑스 황제가 되다.

1811년
영국에서 기계 파괴 운동이 벌어지다.

1811년
조선에서 홍경래의 난이 일어나다.

1814년
빈 회의가 열리다.

1910년
멕시코 혁명이 일어나다.

1908년
오스만 제국에서 청년 오스만 인의 혁명이 일어나다.

1905년
러시아에서 피의 일요일 사건이 발생하다.

1904년
러일 전쟁이 일어나다.

1901년
스웨덴의 노벨이 노벨상을 만들다.

1896년
조선에서 독립 협회를 만들다.

1911년
중국에서 신해 혁명이 일어나다.

1910년
대한제국이 일본에 주권을 빼앗기다.

1905년
대한제국이 일본과 강제로 을사늑약을 맺다.

1903년
미국의 라이트 형제가 최초의 비행에 성공하다.

1900년

1900년
청에서 의화단 운동이 일어나다.

1917년
러시아 혁명이 일어나다.

1914년
제1차 세계 대전이 일어나다.

1918년
미국의 윌슨 대통령이 14개조의 평화안을 발표하다.

1919년
조선에서 3·1 운동이 일어나다.

1920년
국제 연맹이 창설되다.

1922년
소비에트 사회주의 공화국 연방(소련)이 성립하다.

1923년
터키 공화국이 성립하다.

1929년
미국에서 경제 공황이 일어나다.

1933년
미국의 루스벨트 대통령이 뉴딜 정책을 펴다.

1939년
제2차 세계 대전이 일어나다.

1945년
한국이 독립하다.

1945년
국제 연합이 창설되다.

1948년
대한민국 정부가 수립되다.
제1차 중동 전쟁이 일어나다.

1947년
미국이 마셜 계획으로 유럽의 경제를 지원하다.
유엔이 세계 인권 선언을 발표하다.

1950년
한국 전쟁이 일어나다.

1949년
중화 인민 공화국이 성립되다.

1957년
은크루마가 가나의 독립을 이끌다.

1955년
제1회 아시아 아프리카 회의 (반둥 회의)가 열리다.

250

1818년
정약용이
『목민심서』를
완성하다.

1819년쯤
볼리바르가
그란콜롬비아의
대통령이 되다.

1821년
멕시코가
독립하다.

1825년
영국 스티븐슨이
증기 기관차를
만들다.

1830년
프랑스에서 7월
혁명이 일어나다.

1837년
프랑스 다게르가
사진술을 발명하다.

1838년
영국에서
차티스트 운동이
일어나다.

1839년
오스만 제국에서
탄지마트 개혁이
실시되다.

1840년
청과 영국 사이에
아편 전쟁이
일어나다.

1848년
마르크스와 엥겔스가
『공산당 선언』을
발표하다.

1851년
청에서 태평천국
운동이 일어나다.

1857년
인도에서 세포이
항쟁이 일어나다.

1859년
영국의 다윈이
『종의 기원』을 펴내다.

1861년
이탈리아가 통일되어
이탈리아 왕국이 성립하다.

1861년
미국에서
남북 전쟁이
일어나다.

1861년
청에서 양무운동이
일어나다.

1866년
조선에서
병인양요가
일어나다.

1868년
일본에서 메이지 유신이
시작되다.

1871년
독일이 통일되어
독일 제국이 성립하다.

1871년
조선에서
신미양요가
일어나다.

1876년
조선이 일본과
강화도 조약을
맺다.

1879년
미국의 에디슨이
전구를 발명하다.

1882년
독일·오스트리아·
이탈리아가
삼국 동맹을 맺다.

1884년
조선에서
개화파가
갑신정변을
일으키다.

1885년
인도 국민회의를
만들다.

1887년
줄루 왕국이
영국의 지배를
받다.

1893년
독일의 디젤이
디젤 기관을
발명하다.

1894년
조선에서 갑오농민전쟁이
일어나다.
동아시아에서 청일 전쟁이
일어나다.

1895년
이탈리아의 마르코니가
무선 전신을 발명하다.
프랑스의 뤼미에르 형제
가 영화를 발명하다.

1958년
유럽 경제
공동체가
만들어지다.

1960년
한국에서
4·19 혁명이
일어나다.

1961년
한국에서
5·16 군사
쿠데타가
일어나다.

1966년
중국에서
문화 대혁명이
시작되다.

1979년
이란 혁명이
일어나다.

1980년
한국에서 광주
민주화 운동이
일어나다.

1986년
필리핀에서
민주 혁명이
일어나다.

1989년
베를린 장벽이
무너지다.

1990년
독일이
통일되다.

1991년
이라크에서
걸프 전쟁이
일어나다.

1991년
소련이 해체되고,
독립 국가 연합이
세워지다.

1993년
유럽 연합이
만들어지다.

1995년
세계 무역 기구(WTO)가
만들어지다.

1997년
아시아에서
경제 위기가
일어나다.

2000년

2001년
미국에서
9·11 테러가
일어나다.

2011년
미국에서
월 가 점령
운동이
일어나다.

DEUTSCHE BUNDESPOST
100
WILLY BRANDT 1913-1992

찾아보기